진 에드워드의 책_대장간

『오래된 교회, 가정집 모임』
『유기적 성경공부』
『가정교회 팡세』
『믿음의 정상에 오를 때』
『이교도의 신학교육을 넘어』
『장로직을 다시 생각하다』
『유기적 평신도 교회』
『기독교가 상실한 유산들』
『신약성경과 급진적 삶』

장로직을 다시 생각하다

진 에드워드

박 인 천 옮김

Copyright© 1998 by Gene Edwards
Originally published in English under the titles of ;

Rethinking Elders
　by Gene Edwards
published by Seedsowers, Christian Books Publishing House, 3545 St. Johns Bluff Rd, #302, Jacksonville, FL 32224 USA.
All rights reserved.

Used and translated by the permission of Gene Edwards
Korean Editions Copyright©2020 Daejanggan Publisher. in Nonsan, South Korea.

장로직을 다시 생각하다

지은이	진 에드워드 Gene Edwards
옮긴이	박인천
초판	2020년 4월 18일
펴낸이	배용하
책임편집	배용하
등록	제364-2008-000013호
펴낸곳	도서출판 대장간
	www.daejanggan.org
등록한곳	충남 논산시 매죽헌로 1176번길 8-54, 101호
대표전화	전화 041-742-1424 전송 0303-0959-1424
분류	기독교 | 교회 | 장로
ISBN	978-89-7071-516-2 03230
CIP제어번호	CIP2020014086

이 책의 한국어판 저작권은 Gene Edwards와 독점계약한 대장간에 있습니다.
기록된 형태의 허락 없이는 무단 전재와 복제를 금합니다.

 값 **10,000원**

> 우리는 뜻한 목적이 있어
> 여기저기서 본문을 발췌한다.
> 그리고 그 본문들을 우리가 정한 목적을
> 지지하도록 재배열한다.
> 우리가 발췌한 본문의 이전 내용과
> 이후에 오는 내용을 고려한다면
> 전혀 다른 의미를 가지고 있는데도 말이다.

존 셀든(John Seldon, 1689)

차 례

1 ■ 이것이 과연 신약성경을 이해하는 바른 방식일까? 11
2 ■ 1세기 장로직에 대한 재발견 26
3 ■ 오순절 31
4 ■ '갈라디아'라 불리는 땅에 나타난 두 명의 순회 교회개척자 40
5 ■ 이방인교회의 장로들 44
6 ■ 갈라디아 이야기 55
7 ■ 그리스에서의 위기 65
8 ■ 위기에 처한 교회 가운데 보낸 또 다른 편지 70
9 ■ 위기에 처한 교회로 보낸 두 번째 편지 74
10 ■ 고린도 교회의 위기와 장로들의 역할 78
11 ■ 로마교회에 보낸 편지 84
12 ■ 에베소교회의 장로들 89
13 ■ 골로새서와 에베소서 안의 장로들 105
14 ■ 마침내, 빌립보교회가 장로를 두다! 111

Rethinking Elders

15 ■ 젊은 교회개척자들에게 보낸 편지	119
16 ■ 모든 것을 이미 경험했고 현재 행하는 젊은이에게!	124
17 ■ 디도에게 보낸 편지	142
18 ■ 지금 우리가 치르는 대가는!	154
19 ■ 베드로 전·후서와 히브리서	160
20 ■ 히브리서	169
21 ■ 야고보서	174
22 ■ 그렇다면 장로란 무엇인가?	177
23 ■ 사라진 사람들	181
24 ■ 마지막 질문	187
맺음말	190

하나님의 말씀을
새롭게 이해하는 길목으로 접어든
당신을 환영합니다.

신약성경이나 신학적 교리들과 관련하여
우리가 배우는 모든 가르침들은
실제로 성경 그 자체에서 왔다기보다는
그것을 사용하여 뭔가를 해보려는
이들로부터 나온 것들입니다.

1
이것이 과연 신약성경을 이해하는 바른 방식일까?

이 책은 오늘날 장로직이 가지고 있는 오류 때문에 몸살을 앓는 이들에게 하나의 탈출구를 제시할 것이다.

나아가 신약성서를 완전히 새로운 방식으로 이해하도록 우리를 안내할 것이다.

장로직을 바라보는 오늘날의 관점은 콘스탄티누스 대제의 영향력이 짙게 드리워진 시절(A.D. 317-500), 우리에게 부여된 수많은 전통 중에서 다만 한 예일 뿐이다.

1세기와 비교했을 때 그것은 얼마나 다른가? 성물, 사제와 수녀, 교황과 고해성사, 성직에 대한 가톨릭의 가르침들 만큼이나 너무도 다르다.

그것이 그토록 근거 없는가? 그렇다. 전혀 다르다.

우리가 어쩌다 이렇게 멀리 오게 되었는가? 수많은 이들의 공헌이 있었다! 우선 루터가 미친 영향을 보자. (그는 우리가 잘못된 길로

들어서는데 지대한 공헌을 한 사람이다.)

흥미롭게도 종교개혁자가 되기 이전의 루터는 가톨릭 철학에 가장 깊숙이 몸담고 있던 사람이었다. 다시 말하면 그는 토마스 아퀴나스와 아우구스티누스의 제자이다.

루터는 아우구스티누스 수도회의 수도사였다. 그리고 아우구스티누스는 이교도 철학자인 아리스토텔레스의 제자였다. (아리스토텔레스가 아우구스티누스와 토마스 아퀴나스, 그리고 루터, 이 세 신학자의 가르침을 통해 기독교 신앙 속에 잠입했다는 말들이 회자되어 왔다. 네 사람 모두 뛰어난 논리학자였다!)

토마스 아퀴나스는 아리스토텔레스의 가르침에 너무 깊이 빠진 나머지 세간엔 "아퀴나스가 아리스토텔레스에게 세례를 주었다"는 고대 격언까지 생겨날 정도였다.

우리 개신교도들에게 성경의 "진리"에 접근하는 〈길〉을 닦아놓은 사람이 루터였다. 신약성경 속에서 가르침을 얻으려는 개신교도들은 여전히 루터가 닦아놓은 〈길〉을 걸어 신약성경에 접근하고 있다. 지구상의 모든 성경학교나 신학교가 이 방법을 따른다고 해도 과언이 아니다. 그 가장 좋은 예가 〈장로들〉에 대한 오늘날 우리들의 이해이다.

장로직에 대한 전통적인 개신교의 이해는 성경 그 〈자체〉가 말해주는 개념보다는 그 성경 말씀에 접근하는 루터의 〈방식〉에 영향을 받아왔다. 우리가 정작 무엇을 믿고 있는지 알게 된다면 너무 멀리 벗어나 있는 우리의 모습에 충격을 받게 될 것이다. 이를테면 이 같은 경우이다. 우리는 자신의 입장이나 주장-그것이 무엇이든지-을 성경의 권위로 뒷받침하기 위해 쉽게 찾을 수 있거나 암기하고 있는 성경 구절을 들이댄다. 하지만 실제 그 구절들은 본문의 맥락에서 이탈해버린 전혀 다른 의미의 구절들이다.

우리가 성경 말씀이라고 배워왔던 거의 대부분은 실제로 성경 말씀이라기보다는 그 성경 말씀을 〈사용〉한 것들이다.

이런 오도된 방법론은 때때로 "증거 본문"[1]이란 주제로 소개되기도 하는데 성경을 이런 식으로 접근하는 것은 실제 아무것도 증명할 수 없지만, 역설적으로 무엇이든 〈증명〉해낼 수도 있다!

어떤 가르침을 "성경적인 것"으로 규정한 후 그 가르침을 방어하기 위해 취해지는 이러한 방식들은 복음주의 영역 안에서 너무나 비일비재하여 이젠 개신교 신앙의 피와 골수를 이루고 있는 듯하다. 만약 개신교가 이런 방식의 성경접근법을 포기한다면 세미나와 성경학교 교실들은 텅텅 비게 될지도 모른다. 좋게 보아도 이런 방식들은 우리에게 위험만 줄 뿐, 신약성경을 보아서는 1세기 그리스도인들의 실제 모습과 그 시대 자체를 이해할 수도 없게 만든다. 무엇보다도 그것은 성경을 엉뚱한 물건으로, 이를테면 퍼즐 조각 맞추기에 사용하는 종이뭉치 정도로 변질시켜 버린다. 그와 같은 상황을 예로 들어보면 이렇다.

우선 무엇이든 당신이 원하는 주제를 선정해보라. 그다음 성경 전

---

[1] 성경 본문을 비중 있게 다루는 듯 보이지만 실제로는 자기의 주장을 뒷받침하기 위해 찾아내 결부시킨 성경 본문. 역주.

체, 창세기에서 계시록까지 그 주제와 관련된 성경 구절을 검색해 보라.[2] 당신이 선택한 성경 구절들을 당신이 선정한 주제와 당신의 입장을 뒷받침하도록 일정한 순서로 연결해보라. 그러면 당신의 입맛에 맞는 매우 합리적이고 논리적인 근거를 성경에서 얻게 된다. 그리고 그것이 지금까지의 관행이었다. 자, 어떤가! 본문에서 이탈한 단편적인 성경 조각들을 이어붙이니 그것들이 "절대적인 하나님의 말씀"이 되어 소리치지 않는가!

자신도 모르게 우리는 조각난 성경 구절들에 우리의 논리를 추가하고 합리성을 부여한 후 우리가 미리 정해놓은 결론을 "명백한 하나님의 말씀"으로 주장해왔다. 그 결론이 거의 성경적이지 않은데도 말이다. 그것은 순전한 하나님의 말씀이 아니다. 그런데 바로 이런 과정들이 거의 모든 평신도로 하여금 공포에 질려 그들이 들은 것을 믿게 만드는 수단으로 사용되어왔다.

성경에 접근하는 대다수 개신교도의 사고방식 속엔 이 증거 본문의 방정식이 깔려있다. 이것은 끔찍한 일이다. 너무도 끔찍한 일이다.

증거 본문은 우리에게 무슨 유익을 남겼는가? 거의 아무런 유익도 없다. 문맥을 벗어나고 역사적인 배경을 무시하고 연대기를 건너뛰어 채택된 신약성경의 말씀을 이리저리 이어붙인 후 자신의 논리로 마무리 지어버린 성경 본문은, 아! 독자들이여, 정말이지 그것은

---

[2] 요즘엔 다양한 인터넷 검색 기능으로 원하는 주제와 관련된 신·구약 구절들을 1분 안에 뽑아낼 수 있다. 역주.

하나님의 말씀이 아니다. 그것은 어처구니없는 짓이다.

당신에게 1세기 사건들의 인과관계와 전체적인 맥락이 눈에 들어오지 않는다면, 먼저 그 사건들을 둘러싼 배경을 알지 못한다면, 그 사건들이 발생한 시간을 따라 구성된 한 편의 〈이야기〉가 그 이야기가 전제되지 않는다면 당신이 선택한 증거 본문은 결국 당신에게 〈아무 것도〉 보여줄 것이 없다. 성경이 한편의 이야기로 엮어지지 않는 한, 그 본문이 실제 상황 속에서 다뤄지지 않는 한, 하나의 사건이 다른 한 사건과 연대순으로 연결되어 다가오지 않는 한, 단편적인 그 구절들은 당신의 의견 이상 아무것도 아니다. 증거 본문 접근법으로 신약성경에 접근할 때 밝혀질 수 있는 것은 거의 전무하다. 이러한 접근법은 무지막지하게 성경을 남용할 위험에 노출되어 있고 그 결과 나의 형제자매들은 "말씀에 대한 순종"으로 위장한 이러한 거짓 가르침에 상처받지 않을 방법이 없다.

사건과 사건이 꼬리를 물고 펼쳐지는 한 편의 이야기로 신약성서를 보지 못하면 우리는 결국 기독교와 관련된 모든 사건과 본문들을 뒤범벅으로 만들어놓고 말 것이다.

만약 증거 본문이 신약성경에 접근하는 끔찍한 방법이라면 그 기원을 우리가 살펴봐야 하지 않을까! 증거 본문 접근법은 그 뿌리를 기독교에 두고 있지 않다. 그것은 그 기원을 이교도에 둔다.

"진리"에 접근하려는 방법으로 도입된 증거 본문은 이교도 철학자들의 연장과 도구로 등장하였고 기독교보다 최소 4백 년 앞서 출현하였다. 그것은 이성, 논리, 정신요법의 전형적인 방법이었다. 진리를 찾아내려는 이 접근법은 그리스 철학적인 방법을 취한다. 그 창시자는…? 그렇다. … 바로 아리스토텔레스다. 그와 여타의 그리스 철학자들은 이 진리에 대한 접근법을 예술의 한 장르로 일으켜 세웠다.

이 장르는 꼬리를 물고 또 다른 이교도적인 관행들을 불러일으켰고 결국 오늘 우리까지 그 관행에 물들게 했다. 그리스 철학자들은 논쟁에서 이기기 위해 그들이 논쟁을 벌이는 책(그리고 증거 본문으로 사용하는 책)의 페이지를 재빨리 찾아낼 방법이 필요했다. 그래서 그들이 좋아하는 책들을 장과 절로 나누어 각 장과 구절에 숫자를 붙이기 시작했다.

그렇다. 오늘 우리가 성경을 장과 절로 나누어 찾아보는 관행 역시도 기독교에 수백 년 앞선 이교도적인 관행이었고 A.D. 5백 년쯤에 기독교 신앙 속으로 파고들었다. 이교도 철학자들의 방식을 따라 우리도 신약성서를 장과 절로 나누었고 그렇게 아라비아 숫자가 붙은 장과 절로 우리는 더 훌륭한 논쟁을 벌일 수 있게 된 것이다!! (마치 그들이 자신의 논리를 상대에게 더 설득력 있게 주장하려고 문맥과 상관없이 인용 구절을 끄집어내고 거기에 의미를 부여했던 것처럼.)

만약 당신이 이다음에 아라비아 숫자가 붙은 성경의 장과 절을 이용하여 논쟁하게 되면 지금의 이 사실을 꼭 기억하라.

흔히 말하는 서양인들의 정서란 다른 무엇보다도 자신들이 원하는 결론에 이르기 위해 논리를 도구로 삼는 것을 핵심으로 한다.

증거 본문의 뿌리를 잘 살펴보라. 이 모든 것들이 A.D. 200년~500년쯤에 아기 몸속으로 모유가 흘러들 듯 자연스럽게 기독교인들의 사고방식 속으로 스며들었다.

"우선 논제를 정하라, 그다음에 논리적인 사고를 덧붙이라." 당신은 이런 가르침을 받아왔다. 아리스토텔레스는 명제를 던져놓고 거기에 체계적인 사상을 덧붙이는 사람들의 대부(代父)이다.

우리가 신약성경에 접근할 때 언제나 주제를 "먼저" 던져놓고 이후 성경 구절들을 짜 맞추어 왔다는 사실이 지적될 필요가 있다. 뒤에 덧붙여지는 성경 본문은 이미 선정된 주제를 논리적으로 뒷받침하기 위한 수단일 뿐이다. "기독교인들"이 성경을 어떻게 공부해야 할지 그 "방법론"을 배우기 위해 "아리스토텔레스의 수사학"을 들여다보아야 하는지 의문이다. 그럴 만큼 당신이 똑똑한 사람일지는 모른다. 하지만 그런 과정들은 전혀 신학적이지 않다. 그것은 다만 한 부류의 철학이기 때문이다. 그런데도 그런 방법들이 훌륭한 신약성서학으로 여겨져 왔다는 사실을 잊지 말라.

아리스토텔레스의 논리와 개신교 신자들의 정서가 적당히 어우러져 탄생한 이 증거 본문 신학은 성경 여기저기서 문맥과 상관없이 부러진 구절들을 뽑아내 스스로를 장식하였고 이것은 장로직과 관련한 오늘날의 가르침과 교회적 관행을 포함한 거의 모든 것을 성경으로 증명해내는 만능 재단사가 되어버렸다.

종교성이 뛰어난 남자들이 스물일곱 권의 신약성경 문서들에서 뽑아낸 수십 개의 구절을 짜깁기하여 하나의 통일된 개념을 도출하면 그것은 교리 못지않은 가르침으로 변신한다. "성경적인 교리, 진실로 하나님의 말씀을 기반으로 한 가르침"으로 말이다. 하지만 그것은 교리도 가르침도 아무것도 아니다.

이 고전적이고 존경스러운 관행은 자리를 비켜줄 것 같지가 않다. 또한, 1세기에 펼쳐졌던 그리스도인의 삶을 우리가 새로이 발견하도록 〈결코〉 양보하지 않을 것이다. 그 뿌리에서 자라난 우리 개신교의 사고방식, 그리고 복음주의 정서는 위대한 1세기 그리스도인들의 이야기(saga)를 들여다볼 안목을 갖추고 있지 못하다. 그들은 〈결코〉 처음교회의 모습을 발견할 수가 없다.

더 정확히 말하면 개신교 복음주의가 가지고 있는 사고방식은 우리가 1세기 교회의 이야기를 듣지 못하도록 우리의 귀를 막을 것이다. 1세기 교회의 풍경 전체가 우리에게 허락된 적이 없다.

1세기 기독교의 "이야기"는 우리에게 알려지지 않았다.

루터는 이 가엾은 상황에 또 하나의 혼란을 추가하였다. 그리고 그것은 우리 개신교의 정신을 영원히 혼미케 만들기에 충분했다. 한 가지 분명한 것은 우리가 결코 1세기 교회의 〈이야기〉를 알 수 없게 되었다는 사실이다. 루터는 우리에게 신약성서를 처음으로 선물해준 사람이다.[3]

그런데 그것이 어째서 비극이란 말인가? 그가 신약성서를 배열한 방식 때문이다.

---

[3] 일반 신자들에게 금지된 바나 다름없는 라틴어 성경을 독일어로 번역해주었으므로. 역주.

먼저 루터는 성경의 각 구절을 조각내 거기에 숫자를 붙이는 신성한 관행을 유지 시켰다. (그는 가톨릭 성경에서 사용되어오던 장과 절을 그대로 가져왔다.)

그러나 그것은 루터가 바울의 서신을 배열한 그다음 방식에 비하면 아무것도 아니다. 이것은 우리가 결코 회복할 수 없는 재앙이 되어버렸다. 연대기적 순서의 도움을 받지 못한다면 우리는 바울 서신을 읽고 "이야기"를 구성할 수 없다. 바울은 지금 당신이 신약성경에서 보고 있는 순서로 이 편지들을 기록하지 않았다. 바울 서신들은 그 기록된 순서대로 재배열되는 순간에 거기서 "이야기"가 튀어나온다. 그리고 그와 동시, 우리 개신교 신앙의 관습들은 그대로 땅에 곤두박질하게 된다.4)

이제 질문해보자. "오늘날의 복음주의 신앙 정서는 개신교의 사고방식에서 연유했다. 구체적으로 언제부터인가?" 처음 모습을 드러내기 시작한 것은 1760년 대이지만 우리의 핏줄 속에 스며들기 시작한 것은 1800년대 초기였다. 존 다비(John Darby)라는 사람을 조사해보라. 이 사람이 우리 복음주의의 두뇌에 시냅스5)를 제공해준 사람이다.

바로 여기서 우리는 흩어진 본문들을 긁어모아 우아하고 논리적인 가르침으로 각색하는 한 장인(匠人)을 만나게 된다. 다비6)는 우리

---

4) 그 "이야기"와 전혀 다른 관행을 일삼고 있으므로. 역주.
5) 신호를 전달하는 신경세포인 뉴런과 뉴런 사이의 연결고리가 되는 틈. 역주.
6) John Nelson Darby(1800-1882), proof texting을 하나의 신학으로, 그리고 예술의 극치로까지 끌어올린 신학자. 역주.

복음주의자들에게 오늘날까지도 영향을 미치는 가르침, 아니 우리가 받았던 모든 신앙교육과 종교적 관행을 선물했다. 물론 장로직도 여기에 포함된다!

솔직히 말해 우리 복음주의자들이 "전체적으로" 볼 수 있는 것은 아무것도 없다. 우리는 단편적인 구절과 단편적인 생각들로 차려진 밥상을 제공받을 뿐이다. 그렇게 제공된 음식들은 논리와 부러진 구절들을 재료로 사용한 것들이다. 그 결과 우리는 1세기 기독교가 소유했던 실제와 너무도 먼 곳에 도착해버렸다.

(불행하게도 다비(Darby)가 우리에게 주었던 장로에 대한 개념마저도 최악의 것이 아니다. 그가 우리에게 끼친 영향들 가운데 가장 두드러진 것은 오늘날 근본주의로 알려진 신학의 전체 설계를 그가 맡았다는 사실이다.)

골로새서 1장 7절 혹은 에베소서 2장 4절… 이처럼, 한 서신서에서 한두 구절을 뽑아내는 것은 도무지 그 말씀을 이해하기도 어려울 뿐더러 그렇게 뽑아낸 구절들로 1세기의 기독교를 이해할만한 능력과 재주가 우리에겐 주어지지 않았다.

골로새서와 에베소서는 "편지"이다. 이 두 편지는 가슴에 불을 품은 한 사내에 의해 기록되었다. 더욱이, 이 두 편지는 장엄하고도 원대한 "이야기"에 어울리는 기독교 문서들이고 그 "이야기" 중의 한 영역을 담당하고 있다.

깜짝 놀랄만한 모험을 좀 더 해보시겠는가? 그렇다면 심호흡을 한번 한 후에 사람들의 발길이 거의 닿지 않은 오솔길로 좀 더 들어가 보자. 이 두 편의 기독교 문서를 숨 막히는 "이야기"로 보는 동시에 "교회개척자"에 의해 기록된 "편지"로 보자.

교회개척자라고?

그렇다.

그것이 이 편지와 무슨 상관이 있는가? 편지를 작성한 사람이 〈교회개척자〉라는 사실이 모든 것을 바꿔버린다. 교회개척자라는 이 특별한 인종(人種)은 실제로 멸종된 지 오래다. 하지만 최소한 1세기 버전에는 뚜렷이 존재하는 인종이다. 문제의 핵심이 되는 이 교회개척자를 모르고선 우리가 접근하고자 하는 모든 대상이 부서져 내려버린다!

바울의 편지는 하나의 덩어리이다. 결코, 그 덩어리에서 떨어져 나온 구절들에 일련의 숫자를 붙여 놓을만한 파편들이 아니다. 다른 무엇보다도 교회개척자가 그 이야기의 한 축을 담당한다. 그는 문제의 한쪽 당사자이다. 그는 "그 이야기"에서 중대한 역할을 맡고 있다. 교회개척자는 1세기의 핵심인물이다. 당신이 지금까지 교회개척자의 자리를 지워버렸다면 신약성경과 신약성경의 교회들 가운데 무엇으로도 채울 수 없는 빈자리를 남겨둔 셈이다. 이들을 중심에 두지 않으면 1세기 그리스도인들의 믿음과 실제 삶을 포함한 어떤 것도 그 시대 버전으로 알아낼 방법이 없다. 그 기대를 접어야 한다.

바울의 편지는 바로 "그런 이야기들"로 채워져 있고 〈순회 교회개척자〉였던 그는 1세기 기독교의 가장 큰 부분을 차지하고 있다.

다시 반복한다. 바울의 편지는 교회들을 위해 기록되었다. (그중 아홉은 교회들에 보내진 편지이고 나머지 셋은 '다른 교회개척자'들에게, 그리고 단지 하나만, 단 하나만 어떤 노예 주인에게 보낸 개인적 서신이다) 이 영감 넘치는 편지들을 그것들이 기록된 연대기와 상관없이 배치한 후 구절과 구절들을 나누어보라. 그리고 문맥을 무시하고 뽑아낸 독립된 구절들을 당신의 관점에 따라 재배치해보라. 거기에서 "1세기 교회의 실제 모습"을 볼 가능성은 제로이다.

증거 본문을 사용하는 것(1세기 스토리에 대한 지식이 전무(全無)한 상태에서! 뒤죽박죽 배열된 서신서로부터! 아라비아 숫자가 메겨진 장과 절을 뽑아내어! 철학적인 논리를 동원해 자유자재로 혼합한 다음! 거기서 도출한 결과를 하나님의 말씀으로 주장해버리는!)은 재앙으로 가는 지름길이다. 성경을 배우기 위해 이런 과정의 접근을 시도한다면 우리는 그리스도를 배울 수 없고 교회에 대해서 그리고 우리가 기독교적인 것이라 부르는 그 밖의 어떤 것도 알아낼 방법이 없다.

아리스토텔레스의 논리, 증거 본문, 서구적인 합리성은 신약성경에 접근하는 데 전혀 좋은 도구들이 아니다.

그런데도 어떤 사람이 자신만의 "오색무늬 양탄자"를 지어낸다면 당신은 거기에 동의하지 않는 것이 좋을 것이다. 그러면 그는 이렇게 투덜거릴지도 모른다. "당신은 하나님의 말씀으로 이루어진 명백한 가르침을 믿지 않는군요?" 어쩔 수 없다. 누가 자신의 목을 조여 오는 검은 올가미를 원하겠는가?

이런 방식으로 끌어낸 가르침을 수용할 경우 더구나 그가 멘토라면 그 밑에서 자유롭기란 사실 대단히 어려운 일이다. 지난 15세기 동안 암묵적으로 작용해온 압박이 이것을 성경적인 가르침이라고 지지하기 때문이다. 유감스럽게도 이런 지그소퍼즐[7] 방식의 접근법이 오늘날 우리 기독교 신앙의 원천이 되어버렸다!

그래서 이 책이 다루려는 것은 장로직 그 이상의 어떤 것이다. 그것은 1세기 시대에 실제 진행되었던 것들을 발견해낼 만한 더 나은 어떤 방법을 모색하는 일이다.

장로직은 그 하나의 실례가 될 뿐이다.

우리가 이 책에서 모색하는 그러한 방법들을 우리 신앙의 모든 이론과 실제에 적용한다면 어쩌면 우린 종교개혁의 폐해들을 최소화시켜 나갈 만한 기독교의 변화를 만날지도 모른다.

우선은 이 오래되고 교활한 덫에서 장로직부터 꺼내놓고 보자.

장로라고 불리는 사람들이 종종 공포심을 조장하거나 증거 본문을 들이대며 위협하는 사람들로 당신에게 연상된다면, 그보다 심하게, 조직에서 제명하겠다는 겁을 주거나 "하나님께서 주신 명백한 말씀"이라는 표현을 자주 사용해왔던 사람들로 추억된다면(물론 "당신을 섬기기 위해" 아니면 "교리적인 순수성을 지키려고" 또는 "예수님을 따르기 위해"라는 명목을 내걸었겠지만) 이 책을 읽어나가는 동안, "그들이 과연 **진정한** 장로들이었을까?"라는 의구심이 스치는 것을 막을 수 없을 것이다.

---

7) 전체로 보면 하나의 그림인데 그 그림을 수많은 조각으로 오려낸 후 뒤섞어놓고 그것을 빨리 이어 붙이는 게임. 역주

지난 5백 년 동안의 역사 전반에 개신교 교회들은 원시 기독교의 "전체 배경"이나 "통전적인 맥락", 그리고 신약성서를 거대한 "이야기"로 들려주는 일에 어떤 가치도 부여하지 않았다. 그러나 그 숨겨진 배경 전체가 드러날 때 오늘날 개신교가 부여잡고 있는 대부분 신념과 관습들은 무너져 내릴 수밖에 없다. 물론 이제 우리 눈앞에 드러나게 될 장로직도 마찬가지다.

책을 읽어나가는 동안 1세기의 풍경이 느닷없이 그 밝은 자태를 선명히 드러낼 것이다.

조각난 성경 구절들과 증거 본문은 여기까지.
이제, 1세기 모델 속으로 들어갈 새 길이
여기서 열린다.

2

1세기 장로직에 대한 재발견

우리는 2천 년 전의 장로직을 만나볼 것이다. 어떻게? 2천 년 전 교회가 들려주는 이야기, 〈그 이야기, 전체〉를 끊지 않고 들어봄으로써.

우리는 먼저 뒤죽박죽 배열된 신약성경의 이야기를 연대순으로 추적할갈 것이다. 우선 그 이야기들이 펼쳐졌던 주변 상황들을 알아볼 텐데 그때의 시간적 흐름을 감지하기 위해 한쪽 눈을 시계 위에 고정해둘 것이다. 또한 신약성경의 한 문서가 기록된 후 그다음 문서가 기록되기까지의 공백기에 발생했던 사건들을 느린 화면으로 돌려볼 것이다. 그렇게 함으로써 각각의 서신서들을 원래 기록된 순서대로 볼 것이고 각 서신서 간의 시간적 연속성을 복원함은 물론 그 숨겨진 정황까지 파악하게 될 것이다. 이러한 작업을 통해 한 서신서가 기록되고 그다음 서신서가 기록되기까지의 시간적 간격은 물론 그동안 간과되었던 구절과 구절들 사이의 시간적 흐름까지 알게 될 것이고 이는 그 당시의 정황을 이해하는 데 큰 도움이 될 것이다.

당신은 한 편지가 기록되고 그다음 편지가 보내지는 사이에 일어났던 사건들을 메모해두는 것이 필요할지도 모른다. 그렇게 함으로써 그 구절들에 덕지덕지 붙어있는 현대적인 여러 해석을 떨어버릴 수 있게 된다.

장로직과 관련된 우리의 해답을 끌어낼 가장 결정적인 질문이 하나 있다. "누가 그 장로들을 임명했는가?" 우리는 장로들을 언급하는 성경의 그 구절들을 누가 썼는지, 거기서 언급하는 장로들을 임명한 사람이 도대체 누구였는지조차 살펴볼 겨를이 없었던 것 같다. "하나님의 말씀만" 가르친다고 주장하는 사람들이 사실은 그렇지 않다는 것을 보여주는 가장 선명한 실례가 여기 있다!

퍼즐 조각을 맞추는 것과 비슷한 방식으로 조각난 성경 구절들과 교리들을 사용할 때와 이런 방식을 그만둔 후 본문의 사건들이 하나의 이야기로 연결되어 그 속에서 전혀 새로운 그림이 튀어나오는 것을 경험할 때의 차이는 전혀 다른 성경 한 권을 얻는 것과 같다.

만약 장로직에 대한 현재의 가르침이 옳다면, 오늘날 우리가 매주일 교회에서 경험하는 그 장로들의 모습을 그 "이야기" 속에서 볼 수 있어야 하고, 그래야 그 장로직이 "성경"에서 비롯된 하나님의 직무임을 인정받을 수 있다. 그러나 그런 일은 일어나지 않을 것이다.

신약성경의 "이야기"와 신약성경의 "구절"들이 충돌하는 곳에선 언제나 이야기가 승리한다. 조각난 성경 구절들로 건축된 교리들은 아이들의 종이카드 집처럼 무너져 내릴 수밖에 없다. 성경 구절들과 거기에 덧붙여진 논리들은 "이야기"에 길을 내주어야 한다. 당신은 장로직에 대한 당신의 관점을 증명할 또 다른 성경 구절들을 당신이 얼마든지 찾아낼 수 있다고 생각할지 모른다. 그럴 수 있을 것이다. 그럴지라도 이야기는 당신의 의견에 절대 동의하지 않을 것이다. 이야기 속엔 당신의 의견이 들어설 자리가 없다. 이야기 속에선 당신의 의견을 끌어낼 수 없다.

만약 오늘날의 장로직이 몇몇 성경 구절에 의지하는 대신 "1세기 교회"가 살았던 "삶의 이야기"에 근거를 둔다면 그 이야기 속에서 걸어 나오는 장로는 결코 다른 신자들의 영적인 삶을 "지배하거나 관리"하는 인물이 아닐 것이다. (다른 신자들의 삶 전체를 좌지우지하려 않는 것은 물론이고!)

달리 말하면, 만약 당신이 오늘날의 장로직과 그 직무를 1세기 교회의 그것과 일치시키려면 당신은 다른 사람의 삶을 통제하며 오직 혼자서 교회의 모든 책임을 지는 1세기의 장로를 찾아낼 수 있어야 한다는 말이다. (이야기가 아닌 구절을 좋아하는 이들은 종종 그 구절에 의지하여 "이것이 바로 장로의 권리"라고 가르친다. 당신이 혹시 그런 가르침을 받게 된다면 속히 도망갈 장소를 알아두라.)

장로직, 목회…. 권위와 순종…. 조각난 성경 "구절" 속에서 찾아내는 이런 가르침들은 "이야기" 속에선 절대 발견되지 않는 것들이다.

이야기 없이, 다만 구절들에 의존하여 우리는 에클레시아의 모든 모임이 장로들의 리더십 밑에 있어야 한다고 배워왔다. 그것이 사실이라면 우리는 하나님 나라의 2등 시민들을 "이야기" 속에서 발견할 수 있어야 한다. 부차적인 일만 감당하고 에클레시아의 운명엔 결코 참여할 수 없는 2등 시민 말이다. 하지만 "1세기 이야기" 속엔 이런 각본이 존재하지 않는다.

우리는 또한 교회의 모든 문제가 〈오직〉 장로들의 손에 의해서만 처리되고, 〈오직〉 장로들에 의해서만 교회의 정책들이 추진되며 장로들에 의해서만 방향이 결정되는 장면을 이야기 속에서 발견할 수 있어야 한다. 그러나 이야기 속에선 볼 수도 들을 수도 없다.

우리는 또한 1세기의 이야기 속에서 과도하게 존경받는 장로들과 그 밖의 모든 사람(즉 평신도)이 그에게 경의를 표하는 에클레시아를 찾을 수 있어야 한다.

신약성경 안의 주요 교회들이 위기를 만났을 때 장로들이 핵심역할을 맡아 그 혼란을 헤쳐나가는 사례 역시 발견할 수 있어야 하며 교회의 문제를 장로들에게 위임하는 사도들의 모습이나 최소한 어떻게 처리해야 할지 장로들과 의논하는 모습이라도 사도들의 편지 속에서 발견할 수 있어야 한다.

그러나 "1세기 이야기"는 이런 모든 장면을 거부한다.

신약성경에 등장하는 주요 교회들을 무대 삼아 장로라는 타이틀을 가지고 열연을 펼치는 주연 배우들을 볼 수 있어야 하지만, 존재하지 않는다. "그 이야기" 속에선.

이제 당신은 바로 그 "이야기" 속에서 펼쳐지는 장로직의 실제를 읽게 될 것이다. 사실을 말하자면 우리는 그해 5월 29일 주일부터 시작하여 우리의 이야기를 풀어갈 것이다.

한 손엔 시계를 차고,
다른 한 손엔 달력을 들고,
이제 우리는
앞뒤 연결이 분명한 이야기에 올라타
전진해 나갈 것이다.

3
오순절

A.D. 30년 5월 29일 주일, 지구상엔 단지 두 부류의 신자들이 있었다.

1) 교회를 일으켜 세운 열두 사내,
   그리고
2) "믿는 사람들"이라고 일컬어지는 대략 3118명의 사람.

그날을 A.D. 30년으로 표시해두라.

그때 장로는 존재하지 않았다.

좀 더 나아가보자. 사도행전의 처음 4장을 보라. 이 4장은 교회가 이 땅에 솟아오른 후 처음 5년 또는 6년 동안의 상황을 다루고 있다. 그동안 약 다섯 차례 정도, 대규모의 회심자들이 교회로 유입되었다. 아마 약 2만 명 이상의 회심자들이 이 기간에 몰려들었을 것이다.

여전히 장로는 없었다.

1세기의 무대 위엔 여전히 두 부류의 사람들, 예루살렘교회를 세운 열두 명의 사내와 그 나머지… 형제자매들. 교회가 세워진 초기 6

년 동안 '장로'라고 부르는 그런 존재는 없었다.

그러나 이때쯤(A.D. 34년) 7명의 사내가 공동식사를 준비할 사람으로 선출되었다. 이 사내들은 직분 혹은 직급을 가지고 있지 않았다. (성경은 그들을 집사라고 부르지 않는다) 그저 하나의 특정한 '일'을 가지고 있었다. 그들은 특정한 필요를 위해 선정되었고 그 필요란 함께 살고 있던 약 5천-7천 명의 형제자매들의 식탁, 즉 식량을 분배하는 일이었다.

당신은 이 7명을 언급하는 성경 본문을 당신이 원하는 어떤 방식으로 해석하고 싶을지도 모른다. 그렇게 하라. 이 봉사자들을 '하인'으로 부르고 싶다면 그렇게 해도 된다. 그리스 원어로 그런 호칭이 가능하기 때문이다. 다만, 이 7명의 사내를 장로로 둔갑시키지는 말아 달라.

이제 A.D. 36년이 되었다. 오순절 이후 6년이 지난 셈이다. 이때쯤 해서 다소의 사울이란 사람이 등장한다. 큰 위기가 닥친다. 어느 정도로? 예루살렘교회가 소멸할 정도로! 이 말은 지극히 혼란스러웠던 지난 6년 동안, 공동체를 이뤄 함께 살던 신자들의 수가 약 2만 5천에 이르기까지 예루살렘교회에 여전히 장로들이 없었음을 의미한다.

단지 두 부류의 사람들 (1) 하나님의 백성(그중의 7명은 식탁을 차리는 일을 도왔다), 그리고 (2) 예루살렘교회를 개척했던 12명의 제자가 있었을 뿐이다.

심각한 핍박으로 인해 모든 신자는 예루살렘을 탈출했다. 그들은 그 도시를 아무렇지 않게 내주었다.

열두 제자는 이제 갈릴리와 유대의 여러 도시와 마을들 그리고 시골까지 순회하며 흩어진 2만 5천 명의 형제자매들을 돌보기 시작했다. 이들은 지역교회를 맡아 목회하는 목사가 아니었다. 신자들의 모임을 찾아다니는 순회사역자였다. 이들은 쉴 새 없이 여행하였다. 예루살렘에서 탈출한 엄청난 신자들로 인해 이스라엘 사방에 교회가 새로 세워지고 있었기 때문에 그들은 여정을 계속할 수밖에 없었다.

예루살렘에서 달아난 사람들은 갈릴리와 유대, 시리아 북부에 있는 마을들까지 나아가 정착했다. 그렇게 각 도시로 흩어진 신자들은 그곳에서 또 다른 신자들을 만나 그들만의 모임을 시작했고 이는 느닷없이 수십, 어쩌면 수백 개의 작은 교회들이 이스라엘 전역은 물론 시리아까지 퍼지는 결과를 빚어냈다. 예루살렘에 불어 닥친 핍박이 일시적으로 예루살렘교회를 소멸시키는 효과는 있었지만, 그것은 오히려 나라 전역에 수십 개의 또 다른 교회를 낳는 결과를 냈다. 하지만 여전히 장로는 없었다!

지역교회 담임자가 아니라 지역을 순회하는, 지역을 오고 가는, 지역을 넘나드는, 그리고 언제나 여행하는, 결코 한 장소에 머무르지 않는 교회개척자들이 바로 이 당시의 무대 위에서 열연하고 있었고 나머지는 신자들이었다.

그리고 이 당시 무대 위에 존재했던 두 부류의 사람들은 이후에도 여전히 변하지 않는다! 교회개척자들(이제는 지역교회들을 찾아다니며 끊임없이 여행하는!)과 하나님의 백성들, 여전히 그 두 부류만 존재한다.

이제 우리는 A.D. 38년으로 넘어가고 있고 에클레시아는 약 8년 동안 지구상에 존재하는 상태다. 어느덧 정세가 호전되어 신자들이 예루살렘으로 돌아가도 안전해지고 있었다. 몇 명은 이미 그렇게 하고 있었다. 예루살렘교회가 다시 소생하고 있었다. 하지만 여전히 장로는 존재하지 않는다.

분명히 이 장로라는 직책은 에클레시아가 형성되던 초기엔 초미의 관심사가 아니었다. 그리고 하나님의 백성들은 엄청난 일들을 이미 경험하고 있었다. 장로 없이, 모두 함께! 가장 소중한 에클레시아의 경험들을!

"모든 신자"가 교회를 돌보는 거대한 경험을 지금 소유하고 있는 것이다. 장로들 없이!! 수많은 교회가 에클레시아 안에 특정한 지도자를 두지 않고 스스로 교회의 방향을 결정해 나가고 있었다. 이들은 자신들 안에 특정한 종류의 리더십이 세워지기를 전혀 기대하지 않는 눈치이다. 단지 각각의 에클레시아 안에 근거를 두고 있지 않은 열두 명의 교회개척자들이 이따금 씩 들르는 유일한 리더십일 뿐이다. 결국, 언젠가는 이 사람들 안에서 어떤 형태의 장로가 등장하겠지만, 그 장로가 등장하기 전에 교회는 이미 지도자 없이 스스로 교회를 유지하고 이끌어가는 거대한 경험을 소유하고 있었고 장로는 바로 이 경험 위에서 등장하게 될 것이었다.

우리는 지금 사도행전을 따라 이야기를 풀어가고 있고 어느덧 9장에 도착하게 되었다. 때는 A.D. 38년쯤이다. 사도행전 9장에서 당신은 이제 막 회심한 다소 출신의 바울을 만나게 된다. 회심을 경험하고 바울은 열두 사도를 만나기 위해 예루살렘으로 왔다. 9장 27절에서 바나바가 열두 사도에게 바울을 소개하는 장면을 목격하게 된다. 여기서 주목해주시길! 왜냐하면, 이 장면은 매우 중요하기 때문이다. 바나바가 바울을 "열두 사도에게" 소개하고 있다.

거기엔 장로들이 나타나지 않는다.

이때쯤 예루살렘교회에 일시적인 평화가 찾아왔고(행 9:31), 유대와 갈릴리, 그리고 사마리아에 있는 모든 교회도 평안을 누리고 있었다. 만약 당신이 사도행전 9장의 나머지 부분도 읽게 된다면 여러 도시를 여행하고 있는 베드로의 모습을 32절쯤에서 발견하게 될 것이다. (결국, 온 이스라엘에 교회가 퍼지고 있었다.)

여전히 장로는 없다.

우리 눈에 보이는 것은 여행을 거듭하는 열두 명의 교회개척자와 주님의 백성들뿐이다. 우리는 이제 A.D. 40년에 들어서고 있다. 오순절 성령강림 후 10년이 지난 시점이다. 그러나 여전히 장로는 나타나지 않는다. (그동안 수많은 일이 있었음에도!)

우리는 사도행전 10장과 11장을 지나 마침내 11장 12절에 이르게 되었다. 여기에 재미있는 사건이 하나 소개되는데 "형제들"과 "심부름꾼"-장로가 아닌-이 사건의 주인공들이다.

갈릴리와 유대 전역에 교회들이 들어서고 있었고 수많은 형제자매가 등장한다. 그리고 마을과 촌락을 여행하며 순회하는 사도들이 등장한다. 무대 위의 배우들은 여전히 두 부류의 사람들이다. (1) 하나님의 백성들(대단히 많은 교회의), 그리고 (2) 이 교회들을 찾아다니며 돌보던 열두 명의 교회개척자! 장로는 없다. 장로란 존재에 대해선 암시조차 주지 않는다.

이 모든 일이 어떻게 진행되었을까…. 장로도 없이? 교회가 이따금 외부로부터 오는 도움(교회개척자들)만 받을 뿐 교회 내부에 아무런 리더십도 세우지 않다니, 말도 안 되는 소리다! 그렇지 않은가? 교회 내부에 지도하고 통솔하는 리더십이 없다니!

사도행전 11장 22절에도 같은 패턴이 유지된다.

예루살렘교회가 안디옥교회의 소식을 들었다.

사도들에게 이 소식이 전해진 게 아니다. 장로들의 귀에 들린 것도 아니다. 성경은 그들을 언급하지 않는다. 다만 "교회"의 귀에 그 소식이 들렸다.

그리고 그들-예루살렘교회, 즉 형제들과 자매들-은 바나바를 안디옥으로 보냈다.

한 교회가 다른 교회로 사자를 보낸다!

한 '몸'이 된 전체 교회가, 수천의 형제와 자매들이 그들 중에서 한 사람을 보낸다. 이런 일이 장로들에 의해 결정되지 않았다는 사실만큼은 분명하다. 그리고 열두 사도들에 의해 결정된 일도 아니었다.

오순절 성령강림 후 13년째 되는 해이다. 아마도 1백 개 이상의 교회가 존재했을 것이고 그중 가장 큰 모임은 예루살렘에 있는 교회였다. 13년이 지나고 있지만, 예루살렘에도 아직 장로는 없다.

그로부터 이삼 년 후, 예루살렘과 유대 지역에 큰 흉년이 들었다.

시리아 북부 안디옥에 세워진 신출내기 교회엔 기근이 없었으므로 예루살렘에 있는 교회에 부조를 보내기로 결정했다. 알다시피 안디옥교회에는 장로가 없었다. 그런데도 이런 일들이 자연스럽게 이루어지고 있었다.

안디옥의 이방인 형제자매들은 유대에 있는 유대인 형제자매들에게 양식을 살 돈을 보내주고 싶었다. 그래서 안디옥의 형제자매들은 적지 않은 돈을 거두었고, 그런 다음 그 돈을 가져갈 사람으로 바울과 바나바를 선출하였다. 이 두 사람이 예루살렘에 도착했을 때쯤 예루살렘교회는 또 한 번의 심각한 핍박을 겪고 있었다. 당시 예루살렘교회는 최소한 14년 이상 된 교회였다.

바나바와 바울은 장로들에게 그 돈을 전해주었다. 분명히 그렇게 기록되어 있다.

마침내, 예루살렘교회가 태어난 지 14년쯤 된 시점에서야 처음으로 장로들이 등장한다. 첫 세기의 사람들은 장로를 세우는 일에 확실히 느긋하였다. 14년간 약 3만 명 혹은 그 이상의 신자들이 장로직에 연연하지 않았다.

헤롯 아그립바(헤롯 대왕의 손자이며 유대, 갈릴리, 사마리아의 왕이었던)가 열두 제자 중의 하나인 야고보를 죽였던 것이 이때쯤이었다. 헤롯은 베드로 역시 죽이기 위해 찾고 있었다. 이 모든 일이 바나바와 바울이 안디옥교회가 모은 돈을 가지고 유대에 도착했던 시점에 일어나고 있었다. A.D. 44년 4월의 일이었다. (행 11:19~12:25. 특별히 11:30과 12:25을 보라.)

장로직, 처음 교회와 무엇이 달라졌는가? 37

이제 안디옥에 있는 교회로 내려가 보자. A.D. 약 40년경에 시작된 이 교회는 오순절 성령강림 후 10년째를 맞이하고 있었다. 이 교회가 어떻게 걸어왔는지 들여다보자.

교회가 세워지던 당시는 물론, 사도행전 전체에 안디옥교회에 장로들이 있었음을 암시하는 본문은 없다. 오히려 안디옥교회를 언급할 때마다 모든 의사결정을 담당했던 사람들은 교회 내의 형제자매들이었다고 말한다. 누가는 안디옥에 장로들이 없었음을 일부러 큰 소리로 말하고 싶었던 것처럼 보일 정도이다.

A.D. 47년 봄은 안디옥교회가 세워진 지 7년쯤 접어든 해였다. 우리는 장로도 없는 이 안디옥교회가 두 명의 교회개척자를 보내는 모습을 목격하게 된다. 장로 없는 교회가 펼치는 위대한 업적!

오늘날의 경향은 신자들 스스로 교회를 유지해나갈 수도 없고 반드시 장로를 세워야 한다는 견해가 아닌가?

장로들은 교회의 필수 조건이 아니다. 장로들 없이 교회 생활을 한다면 파산하리라 생각하지만, 사실은 교회개척자 없이 교회 생활을 해나갈 때 믿음의 파산을 경험하기 쉽다!

A.D. 47년이 오순절 성령강림 후 17년쯤 지난 때임을 기억해두라. (바로 여기에서 우리는 이스라엘과 시리아를 넘어 갈라디아라 불리는 미지의 땅으로 나아갈 것이다.)

그러나 잠시 숨을 돌리자. 이제 여기 사도행전에서 시작된 혁신적인 성경공부 방식이 앞으로도 계속 유지될 것이다.

먼저 연대기적인 순으로 사건들을 공부할 때 우리에게 무슨 일이 일어나는지 관찰해보라. 조각내고 끄집어내 이리저리 재배열한 성경 구절이 아닌 "이야기"를 먼저 확보할 때에 당신에게 어떤 일이 일어나는지도 확인해보라. 이것은 단지 장로직에 대해 알아볼 때만 적용되는 방식이 아니다. 모든 것에 적용되는 방법이다.

이제 이방인의 땅 갈라디아에 세워진 네 개의 교회를 방문해보자.

1세기 교회가 들려주는
이야기 속에서
장로직에 대한 현대적인 이미지를
찾을 수 없다면, 우린, 장로직에 대한
우리의 가르침과 관행이
명백히 잘못된 것임을
인정하고 폐기해야 마땅하다.

4

'갈라디아' 라 불리는 땅에 나타난
두 명의 순회 교회개척자

오순절 성령강림 후 17년째인 A.D. 47년 7월, 안디옥교회가 이방인교회 개척을 위해 바나바와 바울을 보냈고, 두 사람은 이방인의 땅으로 들어가 복음을 전했다.

이후 2년 동안 바울과 바나바는 갈라디아에 네 곳의 교회를 일으켜 세웠다. 그리스도의 이름이 전혀 불린 적 없는 땅에 2년 동안 네 교회를!

이 네 교회 중 세 교회는 3년이 채 안 돼 장로들을 맞아들였다.[8] 예루살렘교회는 교회설립 후 14년이 지난 후에 장로를 두었고, 안디

---

[8] 안디옥교회를 떠난 두 명의 교회개척자는 2년에 걸친 여정 끝에 비시디안 안디옥, 이고니온, 루스드라, 더베에 각각 교회를 세웠다. 그리고 더베를 마지막으로, 왔던 길을 되짚어 다시 역순으로 세 교회를 방문하며 장로를 세웠다. 따라서 네 교회 중 마지막에 세워진 더베 교회에 장로가 있었는지는 확인되지 않는다. 다른 세 교회는 약 18개월에서 1년 사이에 장로를 맞아들인 셈이다. 역주.

옥교회엔 장로가 아예 존재하지 않았으며, 갈라디아의 교회들은 교회설립 후 3년 이내에 장로 직분을 갖게 되었다. 어째서 교회마다 이런 큰 차이가 존재하는 것일까? 우리는 그에 대해 알 수 없다. 그저… **다양성**으로 보아야 할까?

그러나 우리가 알고 있는 것은 순회하는 교회개척자들이 이 장로직이라는 개념이 출현하는 데 중요한 역할을 했다는 사실이다.

다음과 같은 요인들이 장로를 낳게 하였다.

(1) 성령

(2) 하나님의 백성

(3) 순회하는 교회개척자들.

장로를 맞기까지 3년 정도의 시간이 필요할지도 모른다. 아니면 장로직이 전혀 필요치 않을 수도 있고.

핵심은 이것이다. 바로 위와 같은 맥락에서 교회개척자를 맞아들여야 한다는 것이다. 그렇지 않으면 당신은 장로를 세울 근거가 없다. 이 사실을 바꾸고 싶은가? 그러면 당신은 단 한 줄의 성경적 지지도 받지 못할 것이다.

다른 말로 하면, 만약 당신이 장로들을 세우는데 그들과 연관된 순회 교회개척자가 없다면 당신은 1세기 교회의 족적에서 매우 멀리 이탈한 셈이다. 그렇게 세워진 장로들이 장로들인지 아닌지 의심을 품어야 할 만큼!

바울과 바나바가 갈라디아에 있었던 2년을 주목해보자. 당신이 어느 지방에 들어가 그곳에 네 교회를 세웠다. 한 교회가 세워질 때마다 당신은 곧바로 그 교회를 떠난다! 그것도 아주 짧은 시간 안에!

여기에 놀라운 비밀이 있다. 교회개척자들이 그 교회를 떠날 때 그 교회 중 어느 교회도 장로를 두고 있지 않았다. 장로가 세워지기까지 분명한 공백기가 있었다. 그동안 교회 안엔 어떤 지도자도 없었다. 그 교회를 세운 개척자도 떠났고 장로도 아직 세워지기 전이다! 그런 암담한 시절을 교회가 어떻게 견딜 수 있었을까? 대답은 하나다! 에클레시아 안에 있는 형제와 자매들이 교회의 운명을 완전히 떠맡았다. 특정한 지도자나 그 외 다른 어떤 종류의 리더십도 없이! 이 기간에 전적인 책임을 지고 교회를 세웠던 이들은 오직 성도들뿐이었다.

이는 약 18개월에서 1년에 이르는 기간, 갈라디아의 네 교회가 교회 안에서나 밖에서 어떤 형태의 리더십으로부터 어떤 형태의 지시도 받지 않고 교회 생활을 영위했음을 의미한다. 이후 신자들 안에서 장로들이 세워졌지만, 그 장로들이 세워지기 전까지 교회를 이끈 것은 분명히 이 모든 신자들이었다.

아무것도 아닌 권위로 위장한
인간이여, 거만한 인간이여.
영혼이 텅텅 빈 화난 원숭이처럼
자신이 가장 확신하는 것에 가장 무지하여
거룩한 분 앞에서
쓸데없는 술책들을 부리고 있으니
천사들이 슬피 울며 눈물짓는구나.

-윌리엄 셰익스피어-

5

이방인교회의 장로들

이제 우리는 갈라디아의 네 어린 교회에 장로가 세워지는 놀라운 사실을 목격하게 되었다. 이때 교회들의 나이는 비시디아 안디옥 교회가 2년, 이고니온 교회가 18개월, 그리고 루스드라 교회가 1년이었다.9)

여기 갈라디아에서 우리는 비교적 이른 시기에 장로들과 대면한다. 하지만 이 교회들이 세워지기까지 교회마다 시간적인 격차가 존재했고 이후, 장로가 선택되는 시기도 서로 달랐다. 교회마다 다르게 주어졌던 이 기간에 교회 안에선 무슨 일이 있었던 것일까? 이 무렵 교회개척자는 이미 떠나고 없었다. 따라서 교회의 모든 리더십은 하나님의 백성들 손안에 있었다. 장로직이 출현하기 전, 에클레시아를 어떻게 이끌어갈지를 온 교회가 몸으로 배우고 있었고 그렇게 배운 지식은 에클레시아의 몸 안에 영적인 유전자로 스며들고 있었다.

---

9) 더베 교회에도 장로가 있었는지는 분명치 않다. 만약 있었다면 8개월쯤 되었을 무렵이다.

목사가 존재한 것도 아니다. 장로직이 세워지기 이전, 다만 하나님의 백성들만 그 자리에 있었다. 성경공부를 인도할 지도자도 물론 없었다.10)

하지만 그것이 다가 아니다. 오늘날 우리 안엔 존재하지 않지만, 그들 안에는 존재했던 어떤 것이 우리 눈에 들어온다! 장로를 선택하는 일이 **순회하는** 교회개척자의 손에 있었다는 사실이다. 목사가 아니었다. 지역교회의 지도자가 아니었다. 장로로 세워질 사람과 장로가 세워질 시기는 오직 순회하는 교회개척자들의 관점에 달려있었다. (장로로 선정된 사람이 얼마나 오래 그 직무에 머물지도!) 이제 막 장로의 직분을 맡게 될 이 사람들의 머리에 손을 얹은 것도 역시 순회하는 사역자들이었다. 순회하는 교회개척자들이 없었다면?! 그 땐 장로 역시 존재할 수 없었다. 순회하는 사역자들이 존재하지 않는 현장에 존재할 수 있는 장로란 불가능한 일이었다. 첫 세기 기독교에선 분명 그러했다!

순회하는 교회개척자들 없이는 장로직이라는 방정식이 성립하

---

10) 이 시기를 A.D. 47~49년으로 보면, 신약성경은 아직 한 권도 기록되지 않았을 때이고-저자는 신약성경 중 첫 문서를 50년에 기록된 갈라디아서로 본다- 구약성경은 회당에나 한 권 정도, 그것도 오늘날의 39권으로 된 통권이 아니라 두루마리 형태로 기록된 낱권으로 존재했다. 그마저도 개인에게 오픈되지 않았고 오픈된다고 하더라도 98%의 신자들이 문맹이었으니 성경을 펴놓고 공부했을 거란 상상은 오늘 우리들의 관점일 뿐이다. 우리는 성경공부를 신자가 되는 하나의 필수과정으로 삼거나 신앙성숙을 위한 필수단계로 여기지만 그들은 오늘 우리가 알고 있는 신약성경 중 단 한 구절의 말씀도 소유하지 못했다. 그러나 우리와 그들 중 어느 쪽이 더 그리스도를 깊이 알며 사랑했을까! 어느 쪽이 리더십에 의존하지 않고 에클레시아를 이끌어가는 능력이 있을까? 차이가 있다면 그 차이는 어디에서 비롯된 것일까? 역주.

지 않는다. 당신이 1세기 장로직의 모범을 따르고자 한다면 분명 그렇다!

또 한 가지 주목할 사실이 있다. 장로로 선택된 이 사람들은 "교회 전체"의 신자들이 이미 강력한 형제자매 관계를 형성한 이후에 등장하였다. 장로이기 이전에 그들은 먼저 에클레시아 안에서 강력한 형제의 관계를 경험한 상태였다. 이미 교회를 위해 한 몸으로 일하고 있었고 교회가 나아갈 방향을 함께 고민하고 있었다. 이러한 배경을 가지고 출현한 것이 장로직이었다. 그렇다면 질문해보자. 이렇게 출현한 장로들이 갑자기 갈라디아 교회에서 리더십을 행사했을까? 이 질문은 이미 장로를 가지고 있었던 예루살렘교회에도 적용될 수 있다. 그렇게 세워진 장로들이 갑자기 교회를 이끄는 자리로 올라섰을까? 그들이 교회가 직면한 모든 위기에서 특수부대원으로 활약했을까?

갈라디아 교회들이 심각한 위기를 맞게 되었을 때 이들 장로직에 있었던 사람들이 실제로 존재감이 거의 없었다는 확실한 증거들이 있다. 믿지 못하겠는가?

보라.

얼마 후 이 교회들이 호된 위기를 겪게 되는데 이 장로 중에 한 사람이 일어나 지도력을 펼쳤다는 언급이 전혀 성경에 드러나지 않는다. 그런 암시조차도 주어지지 않고 있다. 이 위기는 이 사람들이 장로로 선출된 뒤 한 달 만에 불어 닥친 사건이다. 이것은 1세기 교회가 맞이한 가장 치명적인 위기 중의 하나였다. 제정신을 가진 사람이라면 누구나 이 위기의 최전선에 장로들이 등장하길 기대할 것이다. 그러나 그들은 그렇지 않았다.

믿을 수 없는 사실이다. 그렇지 않은가!

오늘 우리는 교회가 호된 위기를 맞고 있을 때 장로들이 일어나 교회의 방향을 잡아야 한다는 생각에 누구나 동의할 것이다. 그렇다. 네 곳의 갈라디아 교회들이 장로를 맞아들인 후 채 2년이 안 되었을 무렵, 네 교회 모두에 심각한 위기가 찾아왔다. 교회 역사 중 최악의 위기 중 하나였다! 당연히 그 장로들의 역할을 기대하는 것이 우리 마음 아니겠는가? 그리고 그 네 교회를 세운 두 명의 교회개척자(바울과 바나바)들이 그 교회에 편지를 쓸 때 장로들에게 문제해결을 부탁하는 것이 정상 아닌가? 교회의 위기극복을 위해 그들에게 지시를 내리고 만약 장로들이 그 엄청난 위기에 대처하는 것이 실패한다면 꾸짖기라도 해야 할 것 아닌가?

기대를 접어두라!

그런 일은 일어나지 않았다. 형제자매들 가운데 평범한 사람들이 장로로 정해졌다. 어제까지만 해도 강력한 형제와 자매의 관계를 맺고 있던 사람들이었다. 그들이 느닷없이 오늘날의 장로들처럼 교회의 방향을 결정하는 리더십을 행사하겠는가?

위기가 닥쳤을 때 교회의 리더십엔 아무런 변화가 없었다. 그 위기는 교회 전체가 맞이한 위기였을 뿐이다. 장로들이 교회의 운명을 짊어졌으리란 믿음은 장로직에 대한 오늘 우리들의 지나친 신봉이다.

그렇다면 갈라디아 교회 장로들의 임무는 무엇이었을까? 그에 대해 우리가 아는 바는 없으나 적어도 한 가지는 분명하다. 갈라디아 교회들이 가공할 위기 앞에 서 있을 때 장로들이 어떤 역할을 했다는 기록이 성경에 없다는 사실이다. 그것이 무엇이든 간에! 그것은 1세기 교회가 맨 처음 맞이한 거대한 소용돌이였을 것이다. 그러나 갈라디아의 장로들은 그 위기 가운데서 중심역할을 하지 않았다. 장로들이 분명히 존재했음에도 모세의 법과 예수님의 은혜가 부딪히는 그 절체절명의 순간은 전적으로 (1) 사도들과 (2) 하나님 백성들의 손에 달려있었다. 그렇다면 그들이 맞이한 위기가 어떻게 시작되어 갈라디아의 교회들 가운데 불어 닥쳤는지 바로 그 **이야기**에 접근해보자.

그 이야기는 이렇게 시작된다. : 바울과 바나바가 갈라디아에 들어간 것이 A.D. 47년이었다. 그들은 2년 동안 네 곳의 교회를 그곳에 심은 후 갈라디아를 떠났다. 정확히 2년 동안 갈라디아 땅에 머물렀던 그들은 A.D. 49년 여름, 시리아 안디옥교회로 돌아왔다. 시간의 흐름을 놓치지 말고 좀 더 나아가보자.

그 사이 위기의 태풍이 갈라디아로 불어오고 있었다. 발원지는 예루살렘교회였다.

예루살렘교회와 안디옥교회가 맞이한 위기.

A.D. 50년에 몇 명의 유대인 율법주의자들이 예루살렘교회에서 출발하여 안디옥교회를 방문하였다. 그들은 안디옥의 교회에 들이닥쳐 그곳의 신자들에게 예수 그리스도를 통한 구원만으로는 부족

하니 할례와 모세율법의 준수가 병행되어야 한다는 가르침을 펴기 시작했다.

한쪽 교회(예루살렘교회)는 유대인들로만 구성된 교회였고 다른 쪽 교회(안디옥교회)는 이방인들 중심의 교회였다. 언뜻 보기에 두 교회가 갑작스러운 싸움에 휘말린 듯 보인다. 결코, 작은 위기는 아니었다. 그런데 그때 이들 율법주의자 중 몇 명이 안디옥을 떠나 갈라디아까지 치고 올라갔다. 갈라디아에 도착한 그들은 네 곳의 교회를 차례로 찾아다니며 이 이방인교회의 새 신자들에게 할례를 받도록 종용하였다. 의도했던 대로 되지 않으면 그 교회들을 깨뜨리기라도 할 심산이었다. 이중의 위기였다.

이제야말로 장로들이 나설 차례다!

예루살렘교회는 20년 된 교회였고 장로들이 있었다. 안디옥교회는 10년 된 교회였고 장로들이 없었다. 갈라디아의 네 이방인교회는 2년~3년 된 교회들이었고 장로들이 있었다.

안디옥교회(즉 안디옥교회의 형제들과 자매들)는 교회 사이의 이 갈등이 바로잡히기를 희망하며 예루살렘교회에 특사를 보냈다. 그들은 바울과 바나바, 디도라는 청년, 그리고 다른 몇 사람을 선정하였다.

안디옥의 교회가 안디옥의 형제들을

(1) 예루살렘의 사도들에게, 그리고
(2) 예루살렘의 장로들에게, 그리고
(3) 예루살렘의 교회로 보냈다.

사도행전 15:2-4를 자세히 보라. 안디옥의 **교회**가 바나바, 바울, 디도, 그리고 몇 명의 형제들을 예루살렘에 보낸 것이다. 이것은 장로들의 활약이 아니다. 다만 전체 교회의 움직임이다! 그들의 목적은 이 안디옥의 대표자들이 예루살렘교회를 개척한 열두 사도와 예루살렘의 장로들을 만나 이 문제에 대해 논의하는 것이었다.

한 번 더 강조한다. 사절단을 보낸 것은 **교회**였다.

이 한 무리의 형제들은 남쪽으로 여정을 계속하여 예루살렘에 도착했고 환영을 받았다. 누구에게? 그들은 **먼저** 예루살렘에 있는 **교회**의 환영을 받았다. **두 번째로, 사도**들에 의해, **세 번째로, 장로**들에 의해! **문맥**을 따라 읽으며 그 정서를 감지해보라!

몇 명의 바리새인들은 안디옥의 대표단을 환영하지 않았는데 그들은 안디옥교회에 할례가 없는 것에 반대하고 있었기 때문이다.

다른 한편, 바로 이때 갈라디아의 어린 교회들을 방문하는 한 무리의 유대인 율법주의자들이 있었다는 사실을 기억하고 있으라. 그들은 이 어린 이방인교회의 신자들을 유대교 전통에 복종시키기 위해 그곳에 머물고 있었다. "할례를 받지 않으면 당신들은 구원받을 수 없다"라는 것이 당시 갈라디아의 어린 이방인 신자들을 만나고 있던 율법주의자들의 가르침이었다. 이런 가르침이 어머니 교회와도 같은 예루살렘교회에서 흘러나오고 있었으니 이 어린 이방인 신자들의 당혹감이 어떠했겠는가!

이 장면들을 조용히 마음속에 떠올려보라. 장로들에 대한 당신의 지식에 따르면 이와 같은 상황에서 갈라디아 교회의 장로들이 벌떡 일어나 이 예루살렘의 유대주의자들로부터 교회와 신자들을 보호해야 마땅하지 않는가!

한편 이때, 예루살렘의 한 거실에서는 안디옥교회에서 올라온 몇몇 형제들이 (1) 열두 명의 예루살렘교회 개척자들, 그리고 (2) 예루살렘교회의 장로들과 둘러앉아 있었다. (이 장로들이 세움 받은 지는 이제 6년째 접어들고 있었다.) 대략 20명~30명가량이 그 방에 모였을 것으로 추정된다. 그 상황을 주의 깊게 들여다보라. 1세기의 전체적인 흐름에서 볼 때 그 방 안에 있던 장로들은 그 교회를 세웠던 사도들과 깊은 관련이 있었다.

두 교회의 대표자들은 몇 날에 걸쳐 토론했다. 최종결론은 장로들이 **아닌** 베드로와 야고보에 의해 정리되었다.

이 결정은 (1) 열두 사도들을 흐뭇하게 했고, 그다음 (2) 장로들을 흐뭇하게 했다. 하지만 이 결정이 역시 (3) 예루살렘의 전체 교회를 흐뭇하게 했음을 잊지 말라(행 15:22). 이는 교회가 세워지던 초창기부터 **모든 신자가** 유기적으로 기능하고 참여하는 것이 몸 안에 배어든 에클레시아에서 가능한 결론이었다.

안디옥에서 예루살렘으로 사람을 보낸 것도 전체 교회였고 예루살렘에서 안디옥으로 사람을 보낸 것도 전체 교회였다. 그리고 안디옥과 예루살렘, 이 두 교회의 결정을 지지하여 확증한 것도 예루살렘의 전체 교회였다.

이제 예루살렘으로부터 또 다른 결정이 내려진다. 그들은 몇 명의 대표자를 **뽑아** 안디옥교회로 복귀하는 형제들과 함께 내려보내 바울과 바나바가 예루살렘교회에 머무는 동안에 일어났던 모든 일을 증언해주기로 했다. 이 예루살렘교회의 대표단을 안디옥으로 보내기로 결정한 것은 누구였을까? 이 결정은 사도와 장로와 그리고 **주님의 백성들**(온 교회)이 내린 결론이었다.

그렇게 해서 바나바, 바울, 디도, 그리고 예루살렘교회 대표들은 예루살렘교회가 안디옥교회에 보내는 편지를 들고 함께 안디옥으로 향했다.

사도행전 15:23을 읽어보라.

그동안 예배시간에 긴 망토를 걸친 사람들을 장로직의 본질로 여겨왔던 사람이 있다면 이 구절을 주목하여 보기 바란다. 예루살렘교회가 안디옥교회에 보낸 편지의 인사말은 "사도들"로 시작해서 "형제들"을 언급한 다음 마지막에 "장로들"을 거론한다.[11]

여기서 당신은 한 번 더 1세기 교회의 중심 무대에 섰던 세 종류의 사람들을 발견할 수 있다: 교회개척자, 형제와 자매들, 그리고… **간혹** 장로들.

한 번 더 메모해두라. 장로들은 사도들과 불가분의 관계에 있었다.

편지를 보내는 예루살렘교회의 입장에서야 그렇다 치더라도 수신자인 안디옥교회에선 누가 이 편지를 받는단 말인가?! 예루살렘교회가 안디옥으로 보내는 편지의 인사말에 누구를 언급하고 있는지

---

11) 버전에 따라 사도를 먼저 말하기도 하고, 형제들을 최초로 언급하기도 하지만 신약성서 원본은 사도-형제들-장로들의 순으로 되어있다. 역주.

보라. 교회 역사에서 처음으로 기록된 이 기념비적인 서신의 인사말은 이렇게 시작되고 있다:

"안디옥교회의 **형제들에게!**"

서신의 발송자는 형제들, 열두 사도, 그리고 장로들이었다. 편지의 수신자는 오직 형제들이었다. 그리고 예루살렘교회에서 내려온 대표단이 만나서 교제하며 격려했던 사람들 역시 "**형제자매들**"(15:32)이었다.

예루살렘엔 세 부류의 사람들이 있었다. 하지만 세워진 지 10년 정도 된 안디옥교회 안에는 장로들이 전혀 없었고 오직 형제들뿐이었다.

(장로에 대한 언급은 사도행전 15장을 끝으로 사도행전 20:18에 이르기까지 등장하지 않는다. 이 다섯 장은 약 8년간에 걸쳐 일어난 일들을 다루고 있는데도 장로에 대한 언급이 없다) 어마어마한 폭풍, 격정, 위기와 혼란이 지나가는 동안 어떤 방식으로든 장로들이 그 중심에 서서 리더십을 행사하거나 문제를 해결했다는 암시는 전혀 보이지 않는다.

장로의 직무는 지역교회를 초월해 사역하던
교회개척자와 불가분의 관계에 있었다.
교회개척자라는 요인을 제거해보라, 그러면
장로직도 없어진다. 진정한 장로직은
오직 순회하는 교회개척자가 존재하는 곳에서만
성립한다. 그 밖에 다른 어떤 수단으로
신자들 가운데 장로를 세워내는 것은
성경에 대한 도전이며… 성도들에 대한 도전이다.

6

갈라디아 이야기

예루살렘교회 형제들이 안디옥교회를 방문하러 내려오던 바로 그 순간에 갈라디아의 이방인교회에 엄청난 위기가 치닫고 있다는 사실을 그들은 전혀 모르고 있었다.

갈라디아 땅에 들어온 유대주의자들은 네 곳의 갈라디아 교회들을 차례로 방문하며 할례를 종용하거나 의도대로 되지 않으면 교회를 파괴하려 획책하였다. 그렇다. 바로 이때야말로 장로들이 나설 순간이었고 마침 네 교회 안엔 장로들이 존재하고 있었다.

갈라디아에 침투한 이 예루살렘 유대주의자들은 그 순간 예루살렘교회가 내린 회의의 결론을 모르고 있었다. 반대로, 안디옥교회와 예루살렘교회는 물론이고 바울과 바나바와 열두 사도들마저도 이 유대주의자들의 도전에 대해 까마득히 모르고 있었다. 그러나 마침내 이들의 갈라디아 교회 침투와 이들이 교회에 미친 폐해에 대해 듣게 되었을 때 바울은 망연자실하여 그 자리에 주저앉았고 바로 펜을 들어 신약성경 최초의 문서를 써 내려가기 시작했다. 그리고 우리는 지금 그 문서를 **갈라디아서**라 부르고 있다.

우리가 갈라디아서라 부르는 이 편지는 무려 여섯 장으로 이루어져 있다. (어쩌면 '여섯 장밖에 안 된다.'라고 말해야 할지도!)

이 편지가 네 곳의 교회에 보내졌다는 사실과 네 곳 모두 태어난 지 얼마 안 된 이방인교회였다는 사실을 기억하라. 이 교회들을 구성한 신자들은 모두 이방인들이었고 2년 반-약 4년에 접어든 교회들이었다. 그리고 모두 장로직을 가지고 있었다(행 14:23). 아! 하지만 무엇보다도 **형제와 자매들이 존재**하는 교회들이었다.

지금까지 살펴본 대로, "안디옥교회"는 이 유대주의자들의 침투를 장로 없이 잘 극복해냈다. 예루살렘교회는 교회와 교회 간의 이 갈등을 교회개척자들과 장로들이 극복해내고 있었다. 그렇다면 갈라디아는? 더구나 갈라디아의 네 교회 안엔 장로들이 있었다. (그리고 교회개척자는 그들을 떠나있는 상태였다). 과연 누가 일어나 이 위기를 감당할 것인가?

바울이 양피지 위에 편지를 써 내려가고 있을 때 이 교회들은 극심한 위기와 혼란 속을 헤쳐나가고 있었다. 어떤 신자들은 이미 할례에 굴복하고 있었고 안식일 규정과 유대인들의 절기에 복종하기로 작정한 신자들도 몇 명 있었다! 이와 다르게 할례받는 것에 노골적으로 거부감을 표시하는 이들도 있었다. 사방이 혼란과 혼동에 휩싸였다.

이런 상황 한복판에서 편지를 쓰고 있는 바울이 **장로들**을 떠올렸을까? 그가 지금 장로들에게 편지를 쓰고 있는 것일까? 그래야 마땅하지 않은가? (나라면 분명 그럴 것이다!)

바울은 지금 누구에게 편지를 쓰고 있는 것일까? 에클레시아의 형제자매들일까?

바울이 갈라디아의 네 교회에 보내고 있는 편지는 1세기 교회 안에서 실제로 작동했던 비밀스러운 기능이 무엇인지를 가감 없이 드러내 준다. 그리고 지금 우리로선 상상할 수도 없는 진정한 교회의 생명을 계시하고 있다. 나아가 그 편지는 현재로선 묻혀버린 교회개척자의 직무가 뭔지를 또한 우리에게 뚜렷이 계시해주고 있다.

교회가 맞이한 이 위기의 한복판에서 과연 누가 나서야 할지를 고민하며 바울이 떠올린 것은 오직 형제와 자매들이었다. 편지를 읽어보라. 이 참담한 상황에서 장로라는 존재는 단 한 차례도 바울의 입에 오르내리지 않는다. 이런 위기 가운데 있었던 교회를 당신이 본적이 있는가! 나 역시 이 정도의 위기에 처한 교회를 보지 못했다. 우리 중 누구라도 그럴 것이다. 그런데도 바울은 이 위기를 해결하기 위한 어떤 자문도 장로들에게 구하지 않는다.

장로들에 대한 오늘날의 가르침을 당신이 곧이곧대로 받아들인다면 장로들은 이 위기 속에 뛰어들어 문제를 처리해야 했고 만약 그들이 그리하지 못했다면 당신은 그들이 마땅히 해야 할 직무를 유기했다고 볼 수밖에 없을 것이다. 이 상황에서 장로들은 주도면밀하게 상대를 제압할 방법을 찾아내야 했고 교회가 신속하게 위기를 벗어나도록 전면에 나서야 했다. (그리고 그러한 조치들은 우리 시대에 잘 알려진 모습들이다. 심지어 이보다 훨씬 더 작은 위기 앞에서도 말이다) 어쩌면 장로들은 율법에 복종한 에클레시아의 몇몇 형제들을 제명해야 했을지도 모른다.

모든 종류의 통제수단을 동원하여! 온갖 징계를 통하여! 갖은 질서와 명령을 들이대면서! 권위로 무장한 채!

그러나 갈라디아엔 그런 것이 나오지 않는다! 적어도 갈라디아 이야기엔 그런 조치들이 등장하지 않는다. 그런 관행, 그런 생각조차 존재하지 않는다! 이 사실들을 유념한다면 당신은 장로직에 대한 전통적인 가르침을 다시 생각할 수밖에 없을 것이다!

실제 상황은 이러했다.

갈라디아 교회들이 이 위기를 겪고 있을 때 그 상황 한복판에서 뚜벅뚜벅 걸어 나온 한 사람은 루스트라 교회 출신의 어린 청년이었다. 그는 열일곱에서 스물한 살 사이의 앳된 젊은이였다. (그리고 장차 갈라디아의 교회개척자가 될…!). 위기와 혼란 속에서 교회를 구하기 위해 등장한 사람은 "장로들"이 아니라 "소년"이었다.

이때 바울은 그의 편지를 갈라디아로 먼저 보냈다.

그리고 실라와 함께 안디옥을 출발하여 편지의 뒤를 따라 갈라디아로 향했다. 이 두 사람-교회개척자들-은 교회가 맞은 위기를 해결하기 위해 갈라디아로 왔다. 그러나 이 사건을 증언하는 사도행전과 갈라디아서 어디에도 "장로"들은 등장하지 않는다. 아니 언급조차 되지 않는다. 한 번 더 반복한다. 부디 이 무대 위에 존재하는 유일한 사람들이 (1) 두 명의 교회개척자, 그리고 (2) 형제들과 자매들, 거기에 디모데라고 불리는 혼혈아(절반은 유대인이고 절반은 헬라인인 젊은이)뿐임을 주목하라. 특이한 것은 디모데라는 이 젊은이가 유대주의자들과의 설전에 나서서 무언가를 행한 유일한 사람이었다는 점이다. 우리는 디모데가 구체적으로 무엇을 했는지 모른다. 하지만 그것이 무엇이었든 간에 디모데는 자신보다 연장자인 사람들을 포함한 교회의 모든 신자에게 깊은 인상을 남겼다.

사도행전 16장 1~2절에서 "…. 그리고 네 교회의 장로들이 디모데를 칭찬해주었다!"라고 말하는가? 그런 뉘앙스의 사고방식은 여기서 발견되지 않는다. 기록된 성경 구절은 이렇다. "**형제들과 자매들이 디모데라는 청년을 칭찬했다.**" 우리가 1세기 교회의 정신을 엿볼만한 창을 발견하는 곳이 여기이다. 그녀(1세기 교회)는 전혀 장로들을 염두에 두고 있지 않다. 다만 그녀의 마음속에 있는 것은 "형제와 자매들"이다.

교회가 맞이한 이 위기 속에 발을 내딛는 다른 사람이 있었다면? 바로 교회개척자이다!

만약 당신이 루터나 칼빈, 그리고 다비(John Nelson Darby)식의 장로직을 가르치고 있다면 갈라디아에 보낸 이 서신에서 왜 장로가 등장하지 않는지를 내게 설명해주기 바란다….

이제 바울이 갈라디아 교회들에 썼던 편지를 좀 더 자세히 들여다보자. 나와 당신이 장로직에 대해 지금까지 배워왔던 바에 따르면, 이 편지는 당연 "… 갈라디아의 장로들에게"…. 이렇게 시작하든지, 아니면 적어도 "… 형제자매들과 장로들에게…." 이 정도로는 시작해야 맞다. 인내심 많은 바울이 비꼬는 어투마저 서슴지 않고 사용할 만큼 격정적으로 쓴 편지이니 더욱 그렇다.

그러나 편지를 다시 읽어보라. 뒤집어서 읽어보라. 모서리에서 시작해보라. 거꾸로 읽어보고 옆에서부터 읽어보라. 아래에서 위로 읽어보기도 하고 뒤쪽에서 앞으로도 읽어보라. 그리스어로도 읽어보고 라틴어로도 읽어보라. 그도 아니면 상형문자로라도 읽어보라. 당신이 읽어보고 싶은 어떤 방식으로라도 읽어보라. 그래도 당신은 이 네 교회에 존재하던 장로들과 연관된 단 한 구절의 언급이나 한 마디의 거론도 찾아볼 수 없을 것이다. 그러한 생각을 비추거나 암시하는 구절조차도 보이지 않는다.

그 교회들에 장로는 **분명히** 존재했다. 그런데도 이 무질서한 상황 속에서 "장로직에 대한 기대"는 존재하지 않는다. 왜 그럴까? 우리가 장로직에 대해 잘못 알고 있었다. 위기 속에서 드러난 사람은 루스드라 교회 출신의 디모데란 젊은이였고 폭풍우를 헤치고 나와 교회에 승리를 안긴 장본인은 네 교회 **자신**이었다. 교회는 장로들, 목사들, 집사들에 의해 다스려지지 않았다. 교회의 중추적인 힘은 그 교회의 중심인 형제와 자매들에게서 흘러나오고 있었다. 그들을 유대교로 개종시키기 위해 침투한 유대인들을 상대로 믿음의 승리를 거둔 것은 바로 한 몸으로 존재하던 형제자매들이었다.

장로에 대한 복종을 요구해왔던 사람들이 있다면, 또 교회의 작은 위기 앞에서조차 하나님의 백성들을 내쳤던 사람들이 있다면, 교회를 둘로 쪼개고, 사람들을 제명하고, 장로직의 중요성과 신성함에 대해 거드름피우며 가르쳤던 사람들이 있다면 여기 우리 앞에 있는 이 문제를 해결하라. 모든 증거가 단 한 가지 사실을 말하고 있다. "1세기 교회들은 형제와 자매들에 의해 운영되었다." 장로가 아니었다!

"하지만 장로들이 위기를 다루지 않으면 누가 다룬단 말인가?"

그 대답은 너무나 간단하고 너무도 분명하다!

가장 필요한 사람, 하지만 아무도 원하지 않는 그 사람, **교회개척자**가 그 위기를 다뤄야 한다….

그 외에 또 누가?

백성들, 즉 하나님의 사람들, 장로가 세워지기 **이전부터** 교회를 이끌어왔던 바로 그 **형제와 자매들**.

이후에도 이 무대는 바뀌지 않을 것이다. 첫 세기 무대의 주연은 단연코 하나님의 백성들과 순회하는 교회개척자들이었다.

당신은 절대로, 절대로 이 네 교회에 닥쳤던 위기보다 더 심각한 위기에 직면한 교회에 소속되어 있지 않을 것이다. 그런데도 당신은 장로들을 최전선에 내세운다. 장로가 누구이길래 하나님의 백성들에게 질서를 부여하고 상처를 주는가! 당신은 누구이길래 하나님의 백성들을 '관리'하려 드는가! 왜 그렇게 하는가? 교회가 위기에 처한 것이 아니라 혹 당신이 어떤 위기에 봉착해있고 교회가 불편한 게 아니라 당신이 불편하기 때문은 아닌가? **당신의 위치와 직분이 위협당하고 당신의 권위에 도전이 느껴져서가** 아닌가? 비천해져 버린 기독교! 아! 너무나 비천해져 버린 기독교.

당신이 이런 유(類)의 비행에서 도망치지 못하는 유일한 이유는 당신이 순회하는 교회개척자를 두고 있지 않기 때문이다. (교회개척자는 신자들의 대변인이다. 관리인이 아니다) 그 사람들은 분명히 당신이 그러한 처신을 **멈추도록** 조치할 것이다! 당신이 그런 **뻔뻔하고**도 기괴한 행위들을 해도 무방한 "자격(장로직)"을 부여받았다고 여길지 모른다. 그러나 그 자격(장로직)이 (1) 순회하는 교회개척자…. 그리고 (2) 하나님의 백성들에 의해 부여받은 것이 아니라면 그 직함은 아무짝에도 쓸모가 없다. 이 두 가지 요소를 당신이 충족시키지 못한다면 당신은 장로의 위치에 머무를 자격이 없다.

장로가 되시라. 그 위치에 오르시라. 원한다면 그 직함을 사모하시라. 하지만 이것을 알라: 당신은 1세기 신자들에게 전혀 알려지지 않은 수단을 동원해 그 자리에 오른 것이다.

우리는 이제 A.D. 50년, 늦여름에 접어들고 있다.

오순절 성령강림 후 20년째 접어드는 해이다. 신약성서로는 오직 '갈라디아서'라는 단 한 권의 문서만 존재하고 있다. 바울과 실라는 현재 갈라디아에 있지만, 그것도 앞으로 며칠뿐일 것이다. 얼마 후 이 두 교회개척자는 다시 갈라디아를 떠날 것이다. 순회하는 교회개척자는 그런 유전자를 지녔다. 이들이 갈라디아 땅에 머물 때 갈라디아 교회들은 벌써 여러 달 동안 위기 속에 있었다. 그런데도 바울은 불과 2주 정도 이 교회들을 방문한 후… 다시 한번 모든 것들을 에클레시아 자신의 손에 위탁한 후 그들을 떠나간다.! 또다시!

더욱이 바울과 실라는 갈라디아 지역의 이 네 교회가 유일하게 가지고 있던! 그나마 쓸 만한 한 명의 젊은 지도자! 이 디모데라는 청년을 데리고 가버린다! 그들은 디모데를 훔쳐 달아났다! 그리고 갈라디아를 떠나 유럽 땅으로 들어갔다.

지금 우리는 또 한 번, 교회를 심고, 심은 교회를 일으켜 세운 후, 그 교회가 아직 유아기를 맞이하고 있을 때, 그 교회를 떠나가는 사내들, 한 지역에 머물러 담임자가 되는 것이 아니라 지역을 벗어나, 지역을 초월하여, 지역을 넘나들며, 지역을 여행하는 1세기의 형제들을 만나고 있음을 기억하라! 그렇다면 그렇게 남겨진 평범한 형제와 자매들이 책도 없이, 교회 건물도 없이, 성경도 없이 어떻게 그렇게 효과적으로 교회를 이끌어 갔는지 궁금한가? 대답은 너무나 간단하다. 그들은 에클레시아의 바다에 버림받았고 가라앉았고 살기 위해 스스로 헤엄치기 시작했다!! 그들은 관리자 없이 자신들의 몸을 어떻게 움직여야 할지 빠르게 습득했다.

이후 개신교 시대엔 감히 그런 광경을 볼 수 없었다. 그리고 이제 우리 하나님의 백성들은 결코 그 비밀을 배우려 하지도 않는다.

이제 유럽으로 건너갈 것이다.

바울, 실라, 그리고 디모데는 그리스 북부의 빌립보라는 도시로 들어갔다. A.D. 50년 늦여름이었다.

이토록 분명히 존재하던
교회개척자들이 오늘 우리 교회 속에
존재하지 않는다면, 그들의 역할과 책임이
장로와 목사들의 손에 넘어갔다는 말인가?
그런 구절이 어디 있는가?
순회하는 교회개척자가 끊어지고 그들의 직무가
지역교회 지도자들에게 이양되었다고 가르치는
신약성경의 본문이 어디에 있는가?
성경 말씀에 상처를 가하지 않는 한 우리는
순회하는 교회개척자들의 역할을 몰수할 수 없다!
그들의 역할은 에클레시아 안에서 없애거나
취소할 수 있는 어떤 것이 아니다.

7
그리스에서의 위기

우리는 시리아 안디옥, 그리고 갈라디아 네 교회의 성도들로부터 많은 것을 배웠다. 두 교회개척자의 여정이 계속될수록 숨겨졌던 1세기의 진면목들이 드러난다.

우리는 한 손에 시계를 들고 다른 한 손엔 달력을 들고 1세기 교회의 여정을 계속해오고 있다. 그러다 보니 그동안 숨겨졌던 1세기 기독교의 전망이 우리 눈앞에 활짝 펼쳐지는 새로운 경험을 하고 있다. 문맥과 상관없이 여기저기서 뽑아낸 구절들을 포기했을 때 우리 앞에 얼마나 선명한 전망이 펼쳐지는가! 우리는 이제 유럽 지경의 이방인 땅 그리스 빌립보에 들어서고 있다. 여기서 또 다른 네 이방인교회를 만나게 될 것이다. 네 교회 모두 그리스 땅에 세워진 그리스인들의 교회였다. 갈라디아의 네 교회처럼 이들 역시 우리에게 많은 것들을 가르쳐 줄 것이다.

바울과 실라는 북그리스 빌립보에 제일 먼저 한 교회를 세웠다.

이 두 교회개척자는 총 넉 달 동안 빌립보에 머물렀다(A.D. 50년 대략 8월~12월. 행 16:12).

이것을 기억해두라. 바울이 빌립보에 들어온 후 13년이 지났을 무렵인 어느 해, 그는 이 빌립보교회에 편지를 쓰게 될 것이다. 그리고 우리는 그것을 빌립보서라고 부르게 될 것이다. 그렇다면 빌립보에 있는 신자들은 교회가 태어난 지 13년이 지나서야 그 교회를 개척한 바울에게서 편지 한 통을 받게 되는 셈이다! 후에 이 대목을 다시 언급할 때 이 사실을 염두에 두라.

A.D. 63년, 바울은 감옥에서 이 빌립보의 에클레시아에 편지를 쓴다. 그리고 그 편지에서 바울은 장로들에 대해 언급한다. (바울은 교회들에 아홉 편의 편지를 보냈다. 그 아홉 편의 편지 중에 단 한 차례, 이 빌립보서에서만 장로들에 대해 언급했다.)

이 북그리스의 교회는 A.D. 50년에 순회하는 교회개척자, 바울에 의해 세워졌다. 그리고 그 교회개척자는 곧 교회를 떠나갔다. 단 넉 달 만에! 장로들은 없었다. 왜? 당신이 나름의 이유를 댈 수도 있겠지만 가장 단순한 대답이 성경에 나와 있다. 그는 장로를 세울 겨를이 없었다. 그 도시의 당국자들로부터 그 도시를 떠나라는 급작스러운 명령을 받고 쫓겨나듯 그 도시를 나와야 했기 때문이다.

그래서 "형제들과 자매들 중심"의 심리적 경향과 관습을 가진 에클레시아가 여기서도 자라기 시작한다. "장로들"이 중심에 선 것이 아니었다. 이후 수년 동안 형제들과 자매들 중심의 사고방식과 교회생활이 에클레시아 전체를 지배했다. 교회의 초기 단계부터 강력한 형제애와 자매애가 그리스에 심어진 이 교회들 안에서도 형성되기 시작한 것이다.

신약성경이 밝히는바, 빌립보교회는 장로가 세워진 다섯 지역의 교회 가운데 한 곳이다. 예루살렘, 갈라디아, 소아시아의 빌립보와 에베소, 장차 크레타섬에 세워질 교회들!

그러나 빌립보교회는 최소한 10년 동안은 장로를 두지 않았고 그 기간 형제와 자매들의 영적인 시야는 교회 전 영역에 미치고 있었다. 또한, 개인이 아닌 교회 전체가 갖는 리더십이 에클레시아 전 영역에 녹아들고 있었다. 빌립보교회가 장로를 둔 시점이 언제이든 그것은 이미 강력하게 형성된 형제 관계에서 출현한 것이 분명하다. 그렇게 세워진 장로의 손에 교회의 모든 권위가 이양되고 그 권위에 의해 강력한 형제애가 무력화되었다고 보는 것은 이치에 맞지 않는다. 장로직에 선행하는 형제 관계는 1세기 교회의 이야기가 전개되는 모든 곳에서 발견된다. 장로직을 형제 관계보다 우위에 두는 일은 절대 발생하지 않았다. 적어도 1세기 교회에선 그러했다.

바울과 실라는 유럽 지경에 이제 겨우 하나의 교회를 심었다. 그리고 그들은 떠났다. 그들이 빌립보 땅에 있었던 시간은 모두 합해 봐야 여섯 달이 채 되지 않는다. 시계가 돌아가고 달력이 넘어가는 소리가 들린다. 우리는 지금 장로가 출현하는 1세기 교회의 무대를 더듬고 있다. "조각난 성경 구절", "짜깁기" "증거 본문"을 통해서가 아니라 1세기 교회의 전체적인 흐름과 연대기적으로 따라가는 통전적 모델을 통해서!

바울과 실라는 이제 데살로니가로 이동한다(행 17:1). 그들은 A.D. 51년 1월부터 5월까지 거기 머무를 것이다.

두 사람이 데살로니가에 있었던 시간은 총 넉 달이었다. 그리고 또다시 교회는 에클레시아 자체에 위임되었다. 장로는 없었다.12)

데살로니가를 떠나 두 사람은 A.D. 51년 6월에 베뢰아에 당도한다. 거기에서 바울과 실라는 다시 한 교회를 일으켜 세운다. 그들은 베뢰아에 약 넉 달 동안 있었다. 그다음 다른 모든 지역에서 그랬던 것처럼 두 사람은 4개월짜리 어린 교회와 작별했다. 빌립보와 유사하게 그들의 작별은 갑작스럽고 계획되지 않은 일이었다. 여기서도 장로를 세울만한 겨를이 없었다.

베뢰아를 떠난 후 두 사람 중 바울만 먼저 아테네로 들어가 그곳에 잠시 머물렀다(행 17:16). 짧은 기간 아테네를 돌아보며 바울은 10월과 11월을 그곳에서 보냈다. 그리고 여정을 계속하여 그리스 남쪽의 고린도라 불리는 도시까지 나아갔다.

바울이 고린도에 도착한 것은 A.D. 51년 11월 말쯤이었다.

바울이 고린도에 당도했을 무렵 데살로니가 교회는 몇 살이었을까? 약 8개월~9개월 정도 된 교회였다.

고린도에 도착해서(A.D. 51년 말), 바울은 데살로니가 교회에 편지를 썼다. 이 편지는 이때까지 기록된 신약성경 중 두 번째에 해당하는 기독교 문서였다. 데살로니가 교회의 신자들이 이 바울의 편지

---

12) 데살로니가를 떠나고 나서 약 4개월~5개월 후에 바울은 태어난 지 9달 된 이 데살로니가 교회에 편지를 썼다. 우리는 이 편지를 데살로니가전서라고 부른다(행 17:10).

를 받았을 때가 교회설립 후 약 9개월이 채 안 되었을 무렵이었음을 기억하라. 웬 편지인가?

데살로니가 교회가 심각한 위기를 맞고 있었다. 장로들이 있어야만 해결될 것 같은 그런 종류의 위기!

신약성서의 모든 교훈을
우선적으로 1세기 교회의
모델에 맞춰 적용하라

8
위기에 처한 교회 가운데 보낸 또 다른 편지

만약 데살로니가 교회에 장로들이 있었다면, 바울은 편지를 쓰는 내내 그 중요한 사실을 잊고 있었음이 틀림없다!

장로직, 그리고 장로들에 대한 오늘날의 관점 때문에 우리는 이 편지가 이렇게 시작될 것이라고 예상할 것이다…. "데살로니가 교회의 장로들에게…. 여러분들이 당면한 문제들을 바로잡아 주길 바랍니다!" 아니면 최소한…. "데살로니가 교회의 형제자매들과 장로들에게…." 이 정도까지는!!

교회는 현재 끔찍한 상태에 놓여있다. 어느 정도로? 오늘날의 교회라면 즉각 장로나 지도자들에게 문제해결을 간곡히 요청할 정도로! 아니 그보다 훨씬 더 심각한 위기!

신자 중 일부가 생업을 중단하였다. 그들은 주님이 오늘이나 내일 재림하실 거라고 기대하고 있었다. 할 수 없이 나머지 신자들이 생업을 중단한 형제자매들의 양식을 공급하고 있었다. 게다가 최근에 죽었던 신자들을 둘러싸고 논쟁까지 일었다. 부활 따위는 없다고 떠드는 사람까지 생겨날 정도였다. (교회들의 가장 예민한 문제인 이단 사상의 출현! 이제야말로 장로들이 등장할 절호의 기회가 아닌가!)

그러나 바울이 **실제로** 이 편지를 어떻게 시작하는지 잘 들어보라: "바울과 실라와 디모데는 하나님 아버지와 주님 예수 그리스도 안에 있는 데살로니가 교회에게 편지하노니…."

이렇게 시작된 바울의 편지는 모든 신자를 대신해 하나님께 감사를 올리는 것으로 이어진다. 이 편지에 **형제들**을 언급하는 횟수는 **열네 차례** 이상 나온다. 예수 그리스도에 대한 언급도 차고 넘친다. 하나님 아버지에 대한 언급 역시 차고 넘친다. 교회라는 용어도 차고 넘친다. 교회가 맞이한 문제들을 언급하는 횟수도 차고 넘친다.

하지만 장로들에 대한 언급은 없다. 장로들을 암시하는 것으로 여겨지는 단 한마디의 속삭임도 없다. 장로들에 대한 순종이나 그 권위에 복종하라는 사고방식도 존재하지 않는다. 장로에 대한 언급 자체가 없다! 한 차례도! 이 교회에 장로는 존재하지 않았다! (데살로니가전서 5:12…. "형제들아, 우리가 너희에게 구하노니 너희 가운데서 수고하고 주 안에서 너희를 다스리며 권하는 자들을 너희가 알고….", 이 구절이 혹 장로들에 대한 암시가 아닌가? 오해하지 마시라! 이것은 실라와 디모데를 일컫는 말이다. 장로들이 아니다!) 그렇다면 바울은 데살로니가 교회에 발생한 문제들의 책임을 누구에게 지우고 있는가? 형제와 자매들에게! (살전 5:14)

에클레시아가 맞이한 위기를 해결할 책임은 에클레시아 자체에 있다. 왜 그런가? 에클레시아만이 그것을 해결할 수 있기 때문이다. (지역을 벗어난 사역자들의 도움을 약간 빌어!)

데살로니가 교회는 이제 9개월째 접어든 교회였다. 그 시간 동안 교회는 외부적으로도 심각한 박해를 받았고 내부적으로도 거친 혼란을 겪고 있었다. 이때 문제해결의 키를 누가 잡을 것인가?

형제와 자매들 외에는 아무도 없었다.

여기서 이 편지를 다시 읽어보라.

바울, 그 사람의 사고방식과 사고과정, 기억장치, 뇌 구조 안의 정보와 신경세포들은 장로를 담고 있지 않았다. 그는 형제들 중심의 사고방식을 가지고 있었다!

하나님께서 우리에게도 그런 사고구조를 내려주시길! 우리가 그런 사고방식을 회복하려면 그런 방식의 삶을 사는 신자들의 공동체를 이룰 때만이 가능하다. 그것은 그때 주어지는 선물이기 때문이다.

하나님께서 속히 그날을 열어주시길!

데살로니가에 세워진 교회가 우리에게 줄 교훈이 한 가지 더 남아 있다.

우리의 1세기 여정은 앞으로 계속될 것이다.

당신은 지금 연대기에 근거를 둔 **1세기의 모델**을 목격하고 있다! 이 모델을 증거 본문 접근법과 비교해보라. 어느 것이 더 선명한가? 이제 우리는 그리스 남쪽으로 여정을 계속해 고린도로 들어갈 것이다. 거기에선 어쩌면 장로들이 필요할지도….

한 사람의 등에 올라타
그의 목을 부여잡고 그로 하여금
나를 옮기게 하라. 그러면서 스스로 확신을 가지라.
나는 지금 그에게 매우 미안한 마음을 가지고 있다고,
그리고 어떻게든 그의 짐이 가벼워지길
소망하고 있다고. 단 내가 그의 등에서 내리는 것만
제외하고.

- 톨스토이 -

9
위기에 처한 교회로 보낸 두 번째 편지

데살로니가전서를 쓰고 나서 약 석 달이 지났을 무렵, 바울은 데살로니가에 보내는 두 번째 편지를 썼다. 교회는 더 많은, 그리고 더 심각한 위기에 직면해 있었다.

데살로니가에 보내는 두 번째 편지에서도, 바울은 장로들을 언급하지 않는다. 그리고 예수 그리스도에 대하여…. 하나님 아버지에 대하여…. 형제들과 자매들에 대하여…. 교회에 대하여 언급한다. 이것은 바울의 중심에 무엇이 있었는지를 여실히 드러내 준다. 그리고 그의 생각은 **언제나** 한결같았다.

만약 데살로니가 교회 안에 혹 장로들이 존재했을지라도 바울이 그들에게 어떤 역할을 기대했다는 정보나 암시는 찾을 수 없다.

우리가 잊어선 안 될 다른 사실은 이 두 편지가 교회개척자에 의해 기록되었고 그가 지금 교회 '밖에서' 이 위기를 다루고 있다는 사실이다. 그리고 이것이야말로 1세기 스타일의 전형적인 모델이었다.

이제 편지의 내용으로 들어가 보자. 교회의 여러 문제와 그에 대한 가르침들이 눈에 띄지만, 이 중에서 장로들과 관련된 교리나 가르침이 발견되는가? '교회'에 보냈던 9개의 서신에서 바울은 장로들에 대한 어떤 가르침도 준 적이 없다.

(자신의 주장을 뒷받침하기 위해 문맥에서 벗어난 성경 구절을 골라낸 후 그 구절에 권위를 부여하기 위해 "성경이 말씀하시기를…."이라고 말해왔던 사람들의 관행은 이제 몰락하기 시작했다. 장로직에 대해 가르칠 때마다 대단히 존경받아 마땅한 직분으로 소개해왔던 **관행**도 이제 근거를 상실했다. 확신해도 좋다.)

데살로니가 교회에 장로가 없었다면 그것은 교회의 모든 문제가 **형제들과 자매들의 리더십**에 의해 처리되었음을 의미한다. 만약 얼마간의 시간이 흐른 후 장로들이 세워졌다면 그 장로직은 믿을 수 없을 만큼 끈끈한 형제의식을 기반으로 출현했음이 분명하다. 더구나 그들의 형제애는 위기를 통해 이미 불같은 단련을 받은 상태였다. 그렇게 형성된 형제 관계가 어느 날 갑자기 모든 리더십을 장로들에게 위임했을 것 같은가! 그 장로들의 리더십은 오늘날 우리가 교회에서 목격하는 장로들의 리더십도 아니었을뿐더러 에클레시아의 모임을 좌지우지할 만한 리더십도 아니었다. 그런 관행은 1세기 교회에 존재하지도 않았고 생각조차도 할 수 없었다!

이제 바울은 고린도에 머물고 있다. 때는 A.D. 51년 말이다. 바울은 여기서도 교회 하나를 일으켜 세울 것이다. 그리고 총 18개월을 이 도시에서 머물게 될 것이다.

그는 고린도 교회를 위해 1년 반을 수고했다. 이는 그의 교회 개척 여정에 있어서 최장수 기록이다. (앞서 바울은 한 교회에서 고작 4개월~6개월 동안 머물곤 했다.)

어떤가! 당신은 그토록 짧은 기간에 세워지는 교회, 그리고 아주 잠깐의 도움만 받은 후 홀로 남겨지는 그런 교회에 들어가 기꺼이 한 형제가 되실 의향이 있는가? 기꺼이 한 자매가 되실 의향이 있는가?

이제 바울이 다음 편지를 쓰기까지 우리는 5년이라는 시간을 기다려야 할 것이다. 그리고 바울이 그 편지를 쓸 무렵 그는 에베소에 머물러 있을 것이다. 얄궂게도 그 편지는 고린도 교회로 보내졌다! 그때쯤 고린도 교회는 7살이 되어있을 것이고…. 거기엔 장로가 존재하지 않을 것이다! 그리고 고린도 교회는 지독한 위기를 맞게 될 것이다. 7년이 지났는데도 장로가 없었다면 그동안 그 교회를 누가 이끌었단 말인가?

당신이 당신의 교리를 설파하고 싶다면
당신의 삶으로 설명하라

-기도자 마태-

10

고린도 교회의 위기와 장로들의 역할

바울은 A.D. 51년에 고린도에 도착했다. 그로부터 6년 후, 그는 에베소에 머물게 되었다. 그리고 바울은 거기 에베소에서 고린도인들에게 편지를 보냈다.

당신이 맞춰보라. 이후 6년 동안 고린도 교회가 장로를 세웠을까? 기억하라. 최소한 그 6년 동안 바울은 어느 교회에도 편지를 쓰지 않았다. 하지만 많은 일이 그사이에 일어났다.

18개월 동안 고린도 교회와 함께 지낸 후 바울은 그 교회와 작별하고 예루살렘교회를 방문했다. 그 후 다시 자신을 파송했던 시리아 안디옥교회로 돌아간 바울은 거기서 이전과는 다른 특별한 여정을 준비했다. 약 1년 동안 안디옥에 머물며 교회 개척을 준비한 바울은 드디어 새로운 땅을 향해 떠났다. 어디로? 소아시아의 에베소!

바울은 A.D. 54년 여름에 에베소에 당도했다. 그는 거기서 3년을 보냈다. A.D. 57년 6월, 바울이 고린도 교회를 세운 지 6년째 접어든 해에 바울은 거기 에베소에서 고린도 교회가 맞이한 충격적인 소식을 들었다. 바울이 고린도전서와 후서를 쓰게 만든 것은 그가 이 소식을 들었기 때문이었다. 당시 고린도 교회가 가지고 있던 문제의 항목들을 하나하나 설명하는 것이 나와 당신 모두에게 유익할 것이다. 간단히 말해 고린도 교회는 깨어지기 일보 직전에 있었다. 바울은 실제로 교회가 깨어질까 봐 두려워했다. 그의 또 다른 두려움 하나는 자신이 그 교회에 완전히 거부당할지도 모른다는 사실이었다. 고린도 교회에 첫 번째 편지(고린도전서)를 쓰려고 자리에 앉았을 때, 바울은 자신의 편지가 고린도 교회를 영영 회복 불가능한 상태로 만들지는 않을지, 그리고 고린도 교회와 교회개척자인 바울 자신의 관계가 이대로 끝나는 것은 아닌지 노심초사하고 있었다.

(고린도후서에서 바울은 이런 자신의 두려움에 대하여 솔직히 고백하고 있다. 고린도후서 1장을 보라.)

1세기 기독교 역사에서 가장 복잡한 재앙의 한복판에 처했던 교회가 있다면 그것은 바로 고린도 교회일 것이다. 장로의 역할이 가장 절박한 교회가 있었다면 그 역시 고린도 교회였음에 동의할 것이다.

주님의 만찬에서 너무 많이 마셔 취한 사람들이 있었다. 옆의 형제자매는 만찬에 가져온 음식이 없어 굶고 있는데 말이다. 심지어 근친상간하는 신자조차 있었는데 그보다 더 최악은 누구도 그 어처구니없는 상황에 조치를 취하려는 사람이 없었다는 사실이다. 신자들은 세 무리 또는 네 무리로 갈라져 있었다. 베드로를 따르는 무리, 아볼로를 따르는 이들, 바울을 추종하는 이들, 그리고 그런 분열의 상황에서 초월해 있겠다는 무리까지! 무엇보다도 예배로 모일 때 너무

소란스럽고 자제력을 상실한 신자가 많았다. 이때야말로 장로가 나설 타임 아닌가!

그러나 이제 고린도전서를 읽어보라. 장로에 대한 어떤 언급이 거기 나오는가?

전통적인 교회를 떠나 새로운 방식의 모임을 시도하는 기독교단체들 역시 이런 상황을 맞이한다면 이성을 잃고 "장로의 직무"를 행사하려는 사람이 나올 것이다. 그러나 바울은 형제들과 자매들을 언급하는 것 외에 다른 어떤 사람에게 어떤 역할을 부탁하는 암시조차 주지 않는다. 편지의 처음부터 끝까지 그는 교회 전체에 호소하고 있다. 오직 전체 교회에게! 그것이 바울이 알고 있는 기독교였고 또 자신이 삶으로 사는 기독교였다. 바울의 마음속에 그 밖에 다른 어떤 것은 존재하지 않았다.

교회의 질서를 바로잡을 필요가 있을 때 바울이 왜 장로의 역할을 기대하지 않았는지, 최소한 그런 혼란의 상황에서만큼은 장로의 직무가 필요한 것은 아니었는지 오늘 우리들의 사고방식으로는 도무지 이해하기가 힘들다.

고린도 교회에 장로가 있었음을 암시하는 흔적은 없다. 에클레시아 전체에게 호소하는 것 외에 바울은 다른 누구에게도 그 교회의 문제를 토로하지 않는다. 그러나 바로 여기에 오늘 우리에게 존재하지 않는 중요한 요소가 작동하고 있다. (요즘 내가 준비하고 있는 책 중에 『절박하지만 아무도 원치 않는 그 사람』이라는 제목이 붙은 책이 있다. 전체적으로, 순회하는 교회개척자를 가진 교회로의 회복을 다루는 책이다.)

　한 번 더, 순회하는 교회개척자의 존재에 대해 생각해보기 바란다. 우리는 순회하는 교회개척자를 중심으로 교회가 세워지는 일에 주저하며 두려움을 가지고 있는 것 같다. 그러나 고린도 교회의 문제를 풀어내는 열쇠를 가진 사람이 바로 이 교회개척자였다. 장로는 없었다. 하지만 여행하는 교회개척자는 있었다. 첫째는 형제자매들이 그 중심에 있었고, 둘째는 편지를 보낸 그 **형제(교회개척자)**가 그들을 도왔다. 해결책은 바로 이 두 부류의 사람들에게 있었다. 좀 더 정확히 말해 고린도 교회 형제자매들을 제외하고 세 사람이 고린도 교회의 문제를 풀어내는 데 중요한 역할을 했다. 한 사람은 디모데였고 다른 한 사람은 디도였으며 남은 한 사람이 바울이었다. 세 사람 모두 순회하는 교회개척자였다.

　우리는 다시 한번 움직일 수 없는 기정사실과 직면했다. 우리가 맞이한 이 사실은 변하지도 않고 변할 수도 없다. 교회는 순회하는 교회개척자와 불가분의 관계에 있다. 순회하는 교회개척자와 장로와의 관계도 뗄 수 없는 관계이다. 만약 당신이 지역교회를 초월해 사역하는 교회개척자의 존재를 1세기 에클레시아에서 지워버린다면 장로직도 더불어 사라진다.

　장로직은 오직 순회하는 교회개척자의 존재 위에서만 존재한다. 그리고 교회가 처한 문제들은 (1) 하나님의 백성들, 그리고 (2) 교회개척자에 의해서만 처리될 수 있다.

　지난 1700년 동안 우리가 장로직에 골몰해왔다는 사실이 이상하지 않은가? 그런데도 그 긴 세월 동안, 그리고 지금조차도 우리들의 사고방식 속에 교회개척자의 역할은 안중에도 없다.

왜 그럴까?

만약 당신이 이제 이 편지를 다시 한번 정독한다면, 이 교회의 태동에 무한책임을 느끼면서도 이 지역교회를 벗어나 수고하는 다소의 바울을 보게 될 것이다. 그는 이 혼란의 한복판에 자신을 밀어 넣고 고린도 교회의 문제들과 씨름하기 시작한다. 결코, 어떤 특정 지도자에게 문제를 토로하거나 위탁하지도 않는다. 문제를 안고 씨름하며 수고하는 것은 오직 **바울과 전체 교회뿐**이다.

강력한 장로의 직분과 역할을 가르치고 주장해왔던 사람들은 이제 대답해야 한다. 고린도전서나 후서에 어째서 장로에 대한 아무런 언급이 없는지 설명할 수 있는가? 장로직과 관련한 당신의 교리나 가르침을 교회론의 전면에 배치하고 중심에 두어야 한다면 고린도 교회가 맞이한 바로 이런 상황을 위해서가 아닌가? 장로의 직분과 역할에 매료된 사람들은 순회하는 교회개척자의 복귀가 마치 흑사병을 몰고 올 것처럼 생각한다. 그런 사고방식의 뿌리에 무엇이 있는가?

신약성서 전체에서 기독교 장로들(구약의 장로가 아닌)에 대한 언급 횟수는? 17번. 교회개척자에 대한 언급은? 약 1천 번!

당신이 장로직을 언급할 때 과연 당신은 "순수한 하나님의 말씀"을 가르치고 있는 것일까?

장로직에 대해서는 지구 둘레를 색칠할 만큼 해박한 지식을 가지고 있지만 정작 우리에게 필요한 교회개척자에 대해선 가능한 언급을 피하려는 사람들에게서 달아나라.

다행히 고린도교회는 바울의 편지를 순전히 받아들였다. 이후 바울은 에베소를 떠나 다시 한번 고린도 교회를 직접 방문한다. 그리고 거기 고린도에 머물며 우리 형제 바울은 또 하나의 서신을 기록한다. 그의 생애에서 가장 멋진 편지! 그 편지는 장로에 대한 대단한 사실을 가르쳐주며 또 한 번 우리를 놀라게 한다. 이 편지의 이름은….

성경구절(verses)을 쏟아낼
준비를 하고 있는
선생을 조심하라는
트로이인13)들의 말을 경청하라.

---

13) 트로이의 목마에서 나온 군사들에 의해 패배한 트로이인들의 이야기. 역주.

11
로마교회에 보낸 편지

A.D. 57년 겨울 혹은 A.D. 58년 초, 고린도교회를 방문한 바울은 그 겨울을 거기서 보내며, 로마에 있는 에클레시아에 편지를 썼다.

로마는 바울이 편지를 보냈던 그 어떤 도시보다도 거리에 있어서 멀리 떨어진 곳이었다.

로마에 세워진 이 교회는 기초가 튼튼한 교회였다. 그러나 아무리 꼼꼼히 편지를 살펴보아도 당신은 장로에 대한 단 한마디의 언급도 발견하지 못할 것이다. 바울의 사고방식 속엔 여전히… 형제와 자매들이 그 중심을 차지하고 있었다.

이 로마교회는 위기라 이를만한 사건들을 겪지는 않았다. 그런데도 이 편지의 성격상 장로직에 대한 훌륭한 통찰력을 제공하는 본문들이 그 안에 숨어있다. 로마교회는 바울이 한 번도 가본 적이 없는 교회이다. 하지만 이 교회의 신자들은 마치 바울이 자신들과 함께 사는 것처럼 느끼고 있었고 바울 역시 이 교회에 대한 무한책임을 느끼고 있었다. 이 편지는 기독교의 전반적 핵심요소들을 총체적으로 조명하는 한편 교회 생활과 관련한 소중한 지침들을 주고 있는 압도적인 서신이다. 그런데도 그 안에 장로에 대한 언급은 전혀 나오지 않고 있다.

우리는 지금까지 바울이 교회들에 보낸 여섯 편의 서신들을 차례로 살펴보았다. 바울이 장로를 언급한 본문이 전혀 존재하지 않는 여섯 편의 서신! 그 여섯 편의 서신은 총 일곱 교회(비시디아안디옥, 이고니온, 루스드라, 더베, 데살로니가, 고린도, 그리고 이제 로마)에 보내졌다. 장로들에 대한 단 한 줄의 언급도 없이.

로마교회에 보낸 이 편지로 말하자면 특히나 우리를 어리둥절하게 만드는 본문들이 나온다. 이제 초로에 접어든 바울은 이 어린 교회에 보내는 편지에서 그의 지난 모든 과거의 경험들을 녹여내고 있다. 그는 장차 그들이 겪어야 할지도 모를 상황들을 염두에 두며 그들을 돕기 위해 안간힘을 쓰고 있다. 12장~16장 전체가 교회 안에서 일어날 수 있는 여러 문제와 위험을 다루는 말씀들이다. 에클레시아와 함께 살아온 그의 모든 경험과 그동안 교회들이 겪어온 많은 위기를 말하는 동안에도 장로직과 관련된 언급이나 바울 자신의 견해는 좀처럼 드러나지 않는다!

바울의 사고구조 속에 장로의 역할은 결코 중심적인 문제가 아니었다. 결국, 결론은 이렇게 귀결된다. :

갈라디아의 네 교회와 데살로니가 교회가 경험한 끔찍하고 믿을 수 없고 상상할 수 조차 없었던 위기 속에서, 그리고 고린도 교회가 겪었던 재앙과도 같은 위기 속에서, 바울은 교회가 맞이한 그 모든 문제를 오직 에클레시아의 형제들과 자매들…. 그리고 자신의 책임으로 인식한 것이 분명하다!

이것이 바울의 관점이었다. 바울은 교회에 대한 막중한 부담감을 스스로 가지고 있었다. 교회가 한 몸으로서 리더십을 행사하는 것이고, 한 몸으로서 교회의 방향을 결정하며, 한 몸으로서의 교회가 자신들의 모임을 스스로 발전시키는 것이며, 한 몸이 된 교회가 위기마다 교회개척자와 어떻게 협력할지를 결정한다는 것이 바울의 기본 관점이었다.

주님, 다시 한번 그런 날을 우리에게 돌려주소서!

바울은 순회하는 교회개척자였다. 바울은 성경 교사가 아니었다. 그는 목사도 아니었고 "수석 장로"도 아니었다. 바울과 그의 동역자들이 세웠던 교회의 장로들은 어느 날 갑자기 신자들의 사고방식을 깨뜨리며 에클레시아의 중심에 서지 않았다. 에클레시아 안에 혹 장로늘이 세워졌더라도 강력한 형제애가 형성된 이후임을 이해한다면 장로들에 대한 오늘 우리의 인식과 태도는 지극히 낯선 개념이 아닐 수 없다. 그런데도 당신이 오늘날의 장로직을 옹호하고자 한다면, 그리고 그것을 교회에 가르치고자 한다면 비록 신약성경의 만인 제사장직을 당신이 아무리 소리 높여 외치더라도 당신 자신 만큼은 그 영광스러운 자리에 아무런 분깃도 없다.

오늘날의 장로들은 이 땅에 순회 교회개척자들이 다시 돌아오기 전의 마지막 장로들이 될 것이다. 그들 자신도 현대의 장로직과 그와 관련된 모든 관습이 모래 위에 지은 집같이 어느 날 무너질 것을 알고 있다.

바울이 심었던 대부분 교회엔 장로들이 없었다. 갈라디아의 교회 중에선 최소한 세 교회에 장로들이 있었지만, 거기에서조차 장로직은 에클레시아의 모든 신자가 교회의 운명과 삶에 전반적인 영향을 미치기 시작한 후에 출현하였다. 고린도 교회엔 최소 6년 동안 장로들이 없었다. 데살로니가 교회는 갈라디아 교회들과 다르게 아예 장로를 두지 않았다. 만약 장로들이 세워질 땐 순회하는 교회개척자들과 불가분의 관계에 있었다.

앞으로 전개되는 이야기 속에서 우리는 장로직에 관한 선명한 사례들을 더 많이 만나게 될 것이다.

사람이 관직에 추파를 던지게 되면
그의 처신에 악취가 나기 시작한다.

-제퍼슨-

12

에베소교회의 장로들

바울은 3년 동안 에베소에 있었다. 이미 살펴보았던 것처럼 고린도전서와 고린도후서를 쓸 때 그는 에베소에 머물고 있었다.14)

어떤 이유에선지 바울은 에베소에 장로들을 세웠다. 언제? 거기 머물던 3년 동안에? 아마도 에베소교회와 작별할 시점에 세웠을 것 같다. 그 시기가 언제든 바울이 에베소에 장로를 임명한 것엔 이론(異論)의 여지가 없다. 그것은 분명한 사실이다.

우리는 여기서 장로직과 관련한 신약성서의 모순을 발견한다. 장

---

14) 저자의 또 다른 책에선 고린도후서의 기록장소를 빌립보교회로 상정하는 책도 있다. ex, 디모데 일기 etc. 고린도 교회에 첫 번째 서신-고린도전서-을 보낸 지 얼마 안 되어 에베소에 폭동이 일어났고, 바울은 에베소를 떠나 빌립보교회-루디아의 집-를 방문한 후 고린도 교회로 내려가 그해 겨울을 거기서 보낸 다음 예루살렘을 거쳐 그의 최종 목적지인 로마로 들어가고자 결심한다. 그런 계획을 세우고 바울이 빌립보에 머물 때, 고린도 교회 신자들의 반응을 살피러 고린도 교회로 갔던 디도로부터 교회가 주님께 돌아왔다는 소식을 듣고 바울은 그 자리-빌립보교회-에서 편지-고린도후서-를 쓴다. 그러나 고린도후서의 기록장소가 에베소든 빌립보든 그 시간적 간격은 불과 한두 달 차이밖에 안 된다. 역주.

로를 두는 교회와 두지 않는 교회 사이에 어떤 패턴이 존재하지 않는다. 안디옥교회는 장로를 두지 않은 것 같다. 빌립보는 초기엔 장로가 없었지만 이후 장로를 세웠다. 데살로니가엔 아예 장로들이 없었다. 베뢰아도 장로에 대한 언급조차 없다. 고린도도 장로가 없었던 것으로 판단된다. 있었다면 그 위기의 순간에 무슨 일이든 했을 것이 아닌가!

그리고 여기 에베소교회엔 장로들이 있었다. 하지만 언제 이 장로들이 세워졌는지 우리로선 알 길이 없다.

다만 폭동으로 인해 바울의 에베소 사역이 급히 마무리됐다는 사실을 우리는 알고 있다. 떠나기 직전, 바울은 에베소의 모든 신자를 한자리에 모으고 그의 마지막 권면을 건넨다. 바울이 에베소와 작별한 시점은 A.D. 58년 3월이었다. 이렇게 해서 바울은 지금까지 그가 교회 개척 여정에서 가장 긴 시간을 함께했던 에베소와 작별했다. 무려 3년이었다. 에베소를 빠져나온 바울은 에게해에서 그리스를 가로지르는 160km의 여정을 감행했다. 이때 자신이 그리스지역에 세운 네 개의 교회를 방문했을 거란 사실에 학자들은 대체로 동의한다. 먼저 바울은 북그리스에 있는 세 곳의 교회, 즉 빌립보, 데살로니가, 베뢰아교회를 방문했다. 그다음 남그리스로 내려가 고린도에 있는 에클레시아를 방문하고 거기서 약 석 달을 보냈다. (거기 있는 동안 바울은 로마서를 쓴다) 고린도 교회에서 겨울을 보낸 바울은 다시 북그리스로 돌아왔다가 배를 타고 떠나는 길에 에베소교회와 최대한 가까운 해변까지 올라갔다.

왜 에베소교회를 방문하지 않았을까?

바울을 죽이기로 작정한 유대인 무리가 그를 따르고 있었다. 반유대적인 요인들을 단검으로 암살하는 이 비밀결사조직은 "단검단"이라는 이름으로 불렸는데 이미 바울의 이름을 걸고 죽음의 맹세를 한 터였다. 죽음의 맹세란 그들이 죽이기로 맹세한 인물을 제거하기 전에는 물도 음식도 먹지 않겠다는 그들만의 결연한 의식이었다. 즉 바울이 죽어야만 이 맹세가 지켜지는 셈이었다.

곧 바울이 살해될지도 모른다는 위기감이 교회들 가운데 팽배했다.

이 본문의 구체적인 사실을 짚어보면 이렇다. 배를 타고 그리스를 떠나면서 바울은 자신과 동행하던 젊은이들15)을 드로아로 보냈다. 그들은 배를 타고 곧장 소아시아 드로아로 가고 바울은 홀로 남그리스를 다녀와 빌립보교회를 방문한 후 드로아에서 이들과 합류할 생각이었다.

예루살렘을 방문하기 전, 바울은 할 수 있는 한 많은 교회를 방문하고자 애썼다.

(바울이 늦은 시간까지 형제들을 권면함으로 3층 창문의 난간에 걸터앉아 말씀을 듣던 한 젊은이가 졸음을 참지 못하고 창문에서 떨

---

15) 바울은 3년 전 에베소에 들어올 때 자신이 개척한 교회들로부터 여섯 명의 젊은이들을 불러 모았다. 그들은 시리아 안디옥교회의 디도, 루스드라교회 출신의 디모데, 더베교회의 가이오, 데살로니가교회 출신의 아리스다고와 세군도, 베뢰아교회의 소바더였다. 그리고 에베소에 머무는 3년 동안 드로비모와 두기고라는 청년이 더해져서 모두 여덟 젊은이가 바울에게 훈련을 받고 바울과 동행하고 있었다. 역주.

어졌던 사건이 바로 이곳 드로아에서 있었던 일이다.)

드로아를 떠나 바울은 걸어서 앗소라 불리는 도시에 들어갔다. (이때 그의 친구들은 배로 항해했는데, 아마도 암살자들을 따돌리려는 의도가 아니었을까!) 앗소에서 바울은 동료들과 합류했다. 그리고 배를 타고 다시 미둘레네라는 도시까지 내려갔다가 사모아에 들른 다음 에베소교회와 가까운 밀레도 항에 정박한 것이었다. 밀레도에 닿았을 때 사실은 에베소가 가까운 거리에 있었으나 바울은 에베소교회를 방문할 엄두를 내지 못했다. 그는 시간에 쫓기고 있었다. 오순절에 맞춰 예루살렘에 도착하기로 한 상태였다.

(유대인들은 바울이 모세의 법을 버렸다고 오해하고 있었다. 예루살렘을 방문할 경우, 바울은 우선 이런 유대인들의 오해를 불식시킬 작정이었다.)

단검단과 유대인들의 오해와 분노를 한 몸에 받으며 예루살렘에 오르는 일은 사실 무척 위험한 일이었다. 그래서 많은 신자와 교회들이 바울을 만류했지만, 그는 자신으로 인해 예루살렘교회와 이방인교회가 양분되는 것을 원하지 않았기에 결심을 꺾지 않았다. 유대인교회와 이방인교회 사이의 연합과 일치를 위해서라면 바울은 기꺼이 자신의 생명을 드릴 준비가 되어있었다.

드라마 같은 상황의 한복판에서 바울은 에베소교회를 방문하지 못하고 에베소교회에 사람을 보내 장로들이 밀레도까지 와 달라고 요청했다.

누가가 당시의 상황을 비교적 상세하게 전해주고 있어 우리는 큰 어려움 없이 이 상황을 이해할 수 있다. 이 본문을 읽을 땐 약간의 긴장감과 두려움, 그리고 우려와 위기감이 감돌지 않는가! 바울이 에베소 장로들을 밀레도로 초청해 만나는 사건은 성경에서 가장 감동적이고 격정적인 기록 가운데 하나이다.

장로들이 강력한 지도력을 갖추고 교회의 전반적인 운영에 영향을 미쳐야 한다고 주장해온 사람들이 그 성경적인 근거로 삼는 곳도 바로 이 본문이다.

당신이 읽으려는 본문은 사도행전 20:22-35이다. 이 본문이 모두 합해 **13구절**로 되어있음을 우선 주목하라.

처음 여섯 구절은 바울 자신이 지금껏 교회들 가운데서 어떻게 살아왔는지를 진술하는 아름다운 고백들이다. 무엇보다도 그는 자신이 에베소에 머무는 3년 동안 전체 에클레시아 앞에 모범을 보였던 삶의 방식들을 장로들 앞에 상기시켰다. 그리고 이제 다시는 그들을 육신의 얼굴로 보지 못할 것이라 말하는 대목에서 그는 감정이 폭발한다. (바울이 실수하고 있었다. 그는 에베소로 돌아가야 했다!)

바울은 지금 여기서 **장로직**에 대해 말하고 있는 것이 **아니다**. 바울이 지금 말하는 바는 자신이 하나님의 백성들과 교회 앞에서 부끄러움 없는 삶을 살아왔다는 것을 말하고 있다. 바울이 왜 이 말을 이 장로들에게 하는 것일까? 간단하다. 자신이 품었던 만큼의 긍휼과 인내심을 가져달라고 장로들에게 부탁하는 것이다. 바울은 지금 장로들에게 어떤 권한을 주고 있는 것이 아니라 다만 '교회 생활'의 기준을 제시하고 있다. 에클레시아 안에서 바울 자신이 품었던 관용,

그의 생활방식, 일체의 돈을 취하지 않았던 그의 사역, 아무것도! 전혀! 탐하지 않았던 그의 교회 생활을 상기시키고 있다. 바울은 또 신자들 앞에서 그가 보여주었던 부드러움과 오랜 인내에 대해서도 말한다. (신자 중의 한 형제로 바울은 밤낮으로 노동하며 자신의 생계를 스스로 해결했다. 그는 교회의 전임사역자가 아니었다. 그는 교회로부터 일 절의 사례를 받지 않았고 자신의 생활을 자신이 책임졌다.)

이 본문은 한 사람의 장로로서 어떻게 살아가야 할지에 대한 기준으로 가득 차 있다. 실로 수준 높은 기준이 아닐 수 없다! 이것이 13절의 말씀 중 처음 다섯 절에 해당한다. 남은 여덟 절의 말씀은 무슨 내용인가?

이 중에서 네 절의 말씀(28, 29, 30, 31절)이 장로직을 언급한 부분이다. 그나마 이 네 절의 말씀 중에서도 직접 장로직에 대해 언급하는 구절은 단 **두 절**뿐이다. 감정이 북받쳐 오르는 13절의 말씀 중에서 단 두 구절.

바울 **자신**이 교회 생활 가운데 보여준 긍휼과 돌봄, 신자들을 향한 부드러움과 친절, 상황에 대한 초연함과 오래 참음, 그리고 관용을 상기시킨 것 외에 바울이 여기서 장로들에게 내려주는 특권이 무엇인가?

현재 장로인 당신이, 혹은 앞으로 장로가 될 당신이, 장로의 처신에 강한 방점이 찍혀있는 이 13절의 말씀 중에 마땅히 집중해야 할 구절이 있다면 바울이 자신의 삶을 모범으로 내건 대부분의 구절인가, 아니면 장로직에 대한 두 구절, 그마저도 권면을 담고 있는 그 두 구절인가? 우리가 현대교회 안에서 목격하는 그런 장로직을 우리에게 가르쳐온 사람 중에서 바울이 지금 자신의 삶을 모범으로 내건 이 수준 높은 교회 생활에 이를 사람은 몇 명인가? 장로들 앞에는 언제나 한 사람이 우뚝 서 있다는 사실을 잊지 말라. 그는 바로 바울이다. 그리고 그 바울이 장로들에게 말하고 있다. "내 삶을 보라." 장로들이 자신들의 직분에 힘을 주기 위해 가장 많이 인용하는 이 본문은 바로 그런 의미이다.

누가 장로를 선정하는가? 우리는 교회가, 그리고 성령께서 장로를 택한다고 인정한다. 하지만 분명한 사실이 있다. 에베소교회의 장로들이 세워질 때 거기엔 순회하는 교회개척자가 있었다. 그가 그들에게 말씀을 전했고 그들은 그에게 들었으며 그 같은 사람이 바로 그 장로들 앞에서 자신의 삶과 자기 삶의 방식과 삶의 기준을 따르라고 말하고 있다.

이 장로들이 목사들에 의해 세워지지 않았다는 사실을 주목하라. 왜냐하면, 오늘 우리가 알고 있는 그 목사는 마틴 루터 시대까지는 존재하지도 않았기 때문이다. 바울은 목사가 아니었다. 성경공부를 위해 누군가의 집에 모인 무리 중 그 모임을 인도하는 성경 교사도 아니었다. 에베소교회의 장로 중 수석 장로였던 것은 더욱 아니다. 1세기 교회에 존재했던 다른 모든 교회개척자처럼 이 사람 다소의 바울 역시 교회를 위해 순회하던 하나님의 일꾼이었다.

한 번 더! 순회하는 교회개척자와 관련되지 않은 장로직이란 명분도, 설 자리도 없다는 사실과 당신은 직면하고 있다.

이제, "**자신을 살피라**(Guard yourself, 행 20:31)"라는 31절의 말씀을 좀 더 살펴보자.

1세기의 모범을 따라 장로가 되려는 사람들에게 있어 먼저 살필 대상은 바로 그 **자신**이다. 양의 무리를 일깨우는 것은 그다음이다.

"자신을 살피라!" 어떻게? 그것은 자신의 직분에 대해 뽐내지 않는 것으로 시작해야 한다. 깨어 있다는 것(guard)은 권력을 휘두르지 않는 것을 말한다. '자신을 살핀다는 것'(guard)은 다른 신자들에게 아픔을 주지 않는 것을 말한다.

바울이 그다음에 하는 말을 들어라. "성령이 너희를 **감독**(watch)으로 삼고…."

목자는 양 떼를 살핀다(watch). 목자가 양 떼를 살피듯이 장로도 하나님의 교회를 살핀다. 그게 감독의 의미이다.

이어서 바울은, 에클레시아 전체로 볼 때 장로의 자리란 아주 작은 부분임을 그들에게 상기시킨다. 예수 그리스도는 하나님의 교회를 위해 자신의 피를 흘리셨다. 주님의 몸에서 피가 흘러나올 때 주님은 실제로 교회인 '그녀'를 위해 자신을 비워내신 것이다.

장로인 **당신이** 그녀를 사랑하고 그녀를 위해 **당신의** 생명을 내어주는 것이지, 그녀가 당신을 흠모하고 그녀를 내어주는 것이 아니다. (당신은 그녀를 사랑하는 사람이지 통솔하는 지배자가 아니다.)

왜 이 사람들은 '살피는 사람'이 되었는가? 이 사람들은 무엇을 살펴보아야 하는가? 외적으론 바울의 사역 전반에 걸쳐 그를 괴롭혀

왔던 한 사람을 살펴야 했다. 이 사람은 바울이 세운 이방인교회라면 어디든 따라가 그 교회의 신자들을 율법 밑에 굴복시키거나 파괴하겠다고 맹세한 사람이었다. 이 사람이 바로 바울을 괴롭히는 "육체의 가시였다."[16] 장로들이 **외부적**으로 경계해야 할 대상은 바로… 이 율법주의자들이었다!

오늘날 그 가시, 즉 바울에게 가시 노릇을 하던 그 사람은 죽었다. 그러나 율법주의자들과 율법주의는 아직도 죽지 않았다.

이 말을 하고 나서 바울은 한 번 더 자신의 삶에 대해 설명한다. 지금 바울 앞에서 그의 권면을 듣고 있는 이 사람들은 처음부터 장로가 아니었다. 바울이 에베소교회를 세워나가던 그 3년 동안 그들은 다만 에클레시아 안의 한 형제로서 바울의 삶을 지켜보던 사람들이었다. 그래서 바울이 장로들에게 전하는 이 본문의 권면은 장로들에게만 주는 말씀이 아니라 결국 에베소교회의 모든 형제자매에게 주는 권면으로 보는 것이 맞다. 바울은 지금 에베소교회 전체에게 말하고 있다: "내가 당신들 안에서 어떻게 살았는지를 기억하시오." 그리고 "자신을 살피시오."

---

[16] 바울이 괴로움을 토로했던 "육체의 가시"는 일반적으로 '눈병이나 간질' 혹은 '정욕이나 성욕' 등의 육체적 질병이나 내적인 갈등으로 해석되어왔다. 그러나 성경 어디서도 그런 해석의 근거를 찾아볼 수 없다. 더구나 그 '가시'라는 말은 '사물'을 일컫는 '그것(it)'으로 표현되기보다 '사람'을 의미하는 '그(he)' 혹은 '그 사람(him)'으로 표현되고 있다. 서신서 전체를 아우르는 "이야기"라는 맥락에서 볼 때 바울이 고백한 육체의 가시는 질병이나 내면의 갈등이 아니라, 끊임없이 그를 추적하며 아픔을 주었던 율법주의자들, 더 정확히는 바울에게 극단의 반감을 품고 율법주의자들을 선동하고 이끌던 '그 사람'으로 보는 것이 합당할 것이다. 역주

다소의 바울은 오늘날 우리가 교회 안에서 목격하는 그런 장로의 역할이나 행동을 에클레시아 안에서 행한 적이 없다. 그는 교회가 사용하는 돈에 대해 일절 관여하지 않았다. 그는 신자들을 권고했지만 명령하지 않았다. 그는 경고했지만, 그때마다 눈이 젖어있었다. 그는 교회 안에서 일절 돈을 취하는 일이 없었다. 언제나 깊은 연민을 품고 있었다. 자신의 손으로 노동하였으며 자신이 번 돈으로 음식을 장만했고 자신의 뱃삯을 스스로 해결했으며 여행 중에 묵는 여관비를 손수 치렀다. 그는 돈을 받지 않았다. 그는 에클레시아의 손님이었고 단기체류자였고 순회하는 일꾼이었다. 무엇보다 그는 돈에 초연한 사람이었다.

하나님, 우리에게 다시 그런 사람을 주소서!

당신이 어떤 장로가 될지를 고민하고 있다면 이 "장로 본문"을 참고하라. 그러나 내용을 왜곡하지 말라. 그 주된 내용은 '살피고' '조심하고' '경고하고' '예비하는 것'이다.

잠시 후에 우리는 한 번 더 이 본문으로 돌아올 것이다. 그때 당신은 도저히 믿을 수 없는, 충격적인 사건을 보게 될 것이다.

몇 년이 지난 후, 바로 이 해변에 서서 교회개척자와 격정적인 만남을 가졌던 이 장로들이 에클레시아의 모든 형제자매 앞에 불려 나와 장로직을 오용한 것에 대해 공식적으로 책망을 받게 될 것이다. 바로 이 감격스러운 자리에 있던 사람들이! (누가 이들을 꾸짖게 될지 추측해보라.)

다소의 바울은 그가 기록한 다른 책에서 바로 이 장로들을 언급하고 있다. 당신은 디모데전서라 부르는 책에 등장하는 사건이 지금의 이 사건과 깊은 연관이 있다는 사실을 알게 될 것이다. 이후, 디모데전서에 이르게 되면 그때 좀 더 깊게 들어가 보도록 하자. 그때 이 극적인 장면을 다시 떠올려보라.

이후, 순회 교회개척자인 바울은 역시 자신을 따라 순회 교회개척자가 된 디모데에게 **에베소의 장로들**에 대해 털어놓을 것이다. 디모데에게 털어놓는 바울의 말을 들으며 당신의 "장로론"은 흔들릴 것이다.

장로직의 통치권을 확립하기 위해 이 본문에서 억지로 교리를 끌어냈던 사람들은 부디 이 아름다운 본문의 맥락을 잘 파악하길 바란다.

바울이 고린도 교회에 보냈던 편지를 기억하는가? 보기 드문 혼란 속에 허우적거리던 교회에 바울은 자신을 어미와 아비로 소개한 적이 있다.

바울이 말했던 이 모성(母性)과 부성(父性)을 거론하며 그 자리에 장로를 대입시키지 말라. 그 자리는 그리스도의 자리이다. 그러나 얼마나 많은 장로가 그 자리에 자신을 대입시킨 후 하나님의 백성들을 마치 자신의 자녀인 양 함부로 대해왔는가? 이 땅의 어미와 아비들은 장로들이 신자들을 대하듯이 그렇게 자신의 자녀를 대하지 않는다.

그런데도 당신이 그 어미와 아비의 자리에 굳이 장로인 당신의 이름을 두고 싶으면, 그리고 하나님의 백성들을 마치 당신의 자녀인양

대하고 싶다면, 당신의 자녀(교회)들이 혹 당신에게 반항하더라도 너무 놀라지 말라. 그것을 참아내는 것이 부모 아닌가!

당신은 이렇게 말할지도 모른다. "그렇습니다. 나는 연민을 가지고 자녀를 대하려고 노력했습니다. 그리고 그들을 잘 보살피려 노력했습니다. 하지만 당신은 지금 우리 교회의 문제가 얼마나 심각한지 모를 것입니다. 나는 참다못해 한 형제에게 이렇게 말할 수밖에 없었습니다. '당신의 태도를 고치세요, 아니면 이 교회에서 나가세요.'"

당신은 장로의 직무를 이와 비슷한 일로 여길 것이다. 그러나 교회 안에서 가장 최소한의 권한을 행사해야 할 사람이 있다면 그건 장로일 것이다.

"아! 그렇군요. 나는 목사인데 그 의견에 동의합니다. 장로들의 권한은 최소한으로 제한되어야 할 때가 종종 있습니다."

목사들은 이 사실을 반드시 검토해봐야 한다. 로마 가톨릭 안에 **사제직**이 존재한다. 사제직의 관행 중엔 이교도들의 우상숭배에서 비롯된 것들이 적지 않다. 이런 가톨릭의 관행들이 개신교 안에서 얼마간 사라진 것은 사실이다. 그런데도 개신교회 목사직은 로마 가톨릭 사제직의 개정판이고 수정판일 뿐이다. 로마 가톨릭에서 시작된 성직의 골수가 복음주의 기독교 안으로 그대로 흘러들었다. 사제직과 목사직에는 거의 차이가 없다. 그들 모두가 성직이다. 그들은 평신도가 아니고 특별한 사람들이다. 불행하게도 오늘날의 장로들은 그 성직자 계열의 손자뻘 외엔 아무것도 아니다.

좀 더 솔직히 표현하자면, 현대 목사직은 루터의 작품이다. 그것은 신약성서에 뿌리를 두고 있지 않다. 1세기 교회의 전체풍경을 담아내는 "이야기" 속에서 목사직은 전혀 등장하지 않는 개념이다.

기독교 역사 전반에 걸쳐 전통적인 관습을 벗어나려는 수많은 신자의 시도가 있었다. 지난 175년 동안에도 1세기 교회의 신앙표현을 찾아 전통적인 관습 속에서 걸어 나왔던 사람들이 있었지만 대부분 존 다비가 지지하는 강력한 장로제도에 부딪혀 뒷걸음쳐야 했고 훈계와 책망을 들어야 했다.

당신이 장로라면 당신은 분명히 성직에 속해있으며 이 특이한 "장로론"의 수혜자이다. 성직이라고 보기에 모호한 부분이 있지만 그런데도 그것은 분명 성직이다.

우리가 모두 성직론에 무관심하다면 그땐 장로들도 지도자가 되는 것을 싫어할 것이다.

교회가 아무리 소용돌이치는 위기 속에 있어도 장로들의 개입은 최후의 수단이 되어야 한다. 이상적인 공동체에선 장로들이 절대 나서지 않는다. 그렇다면 진실로 심각한 위기를 맞게 되면 누가 나서야 하는가? 그 역할은 공동체 밖에 있는 사람에게 부여된 직무이다. 바로 순회하는 교회개척자에게!

이제라도 알려져서 참으로 다행인 이 순회하는 교회개척자의 직무는 기독교인들의 사고방식에서 아직도 심히 거부되는 진리 중의 하나이다.

그러나 당신에겐 신약성경이 있다. 사도행전 1장에서 출발하여 차례로 읽어나가라. 어느 지역, 어느 교회가 맞이한 문제든 교회개척자에 의해 풀리지 않은 사례가 있었는가? 목사가 아니었다. 장로도 아니었다. 다만 그 교회의 태생부터 무한책임을 지고 있는 순회 교회개척자가 그 일을 해냈다.

그런데도 굳이 장로들이 나서야 할 시점을 꼭 알고 싶다면, 데살로니가 교회의 상황보다 더 심각한, 갈라디아 교회의 상황보다도 더 심각한, 그리고 고린도 교회의 상황보다도 훨씬 더 최악인 상황이 바로 장로가 나서야 할 시점이다. 왜 그런가? 그 교회들이 처한 모든 위기 속에서 장로들은 절대 등장하지 않았기 때문이다. 행동을 취한 것은 교회개척자, 오직 순회하는 교회개척자였다.

순회하는 교회개척자와 장로직이 결코 뗄 수 없는 관계에 있었다는 사실을 한 번 더 강조할 수밖에 없다. 심각한 위기에서 하나님의 백성을 훈육하는 역할 역시 모두 그의 손에 주어진 직무였다. 지역교회의 생존을 위협하는 문제가 지역을 초월한 순회 교회개척자와 깊이 연관되어 있었다. 그런 심각한 위협 외의 일상적인 에클레시아의 문제들은? 지역교회의 형제자매들에 의해 처리되면 된다. 그게 가능한가? 가능하다. 교회가 세워진 후 일정 기간의 시간만 확보된다면, 장로직 없이 교회가 일정 기간을 보낼 수 있다면, 처음부터 지역교회의 리더십이 완전히 형제자매들의 손에서 자라난다면.[17]

1세기 에클레시아의 일꾼들이 했던 일은 교회를 이끌기보다는 다

---

[17] 이 기간은 매우, 매우 중요하다. 리더가 없는 이 기간에 일정 형태의 리더들이 자라날 것이다. 장로의 유전자를 가진 리더십도 있겠고 총사령관(Generalisimo)의 유전자를 가진 리더십도 있을 수 있다. 교회개척자가 눈여겨보고 분별해야 한다.

른 신자들에게 용기를 북돋는 역할에 치중되었다.

우리는 이제 사도행전에 언급된 장로직을 정리할 시점에 다다랐다.

한 번 더 1세기의 무대를 살펴보자. 당신의 눈에 누가 먼저 들어오는가? 우선은 하나님의 백성들이고 순회하는 교회개척자가 그다음이다. 몇몇 교회의 장로들도 눈에 띄지만, 바울이 교회에 보낸 9개의 서신 중 8개의 서신에서 장로들 혹은 장로직에 대한 언급은 없다. 장로들이 언급되는 경우엔 예외 없이 순회하는 교회개척자와 깊은 연관 가운데 언급된다. 비 지역적인, 초지역적인, 그리고 순회하는 교회개척자 없이 장로직의 근거는 성립할 수 없다.

그동안 전개되었던 이야기들은 사도행전 28장에서 일단락되고 우리는 A.D. 61년으로 넘어가 여정을 계속할 것이다. 그 해로부터 또 다른 위대한 이야기들이 펼쳐진다. (이를테면, 바울이 7편의 서신들을 추가로 작성한다) 엄청난 일들이 있었고 그 일들이 신약성서의 이야기를 구성한다. 이 모두가 A.D. 61년 이후에 일어난 일들이다.

이제 바울이 쓴 두 편의 다른 서신들과 그 배경을 살펴보자. 오늘날의 장로직에 대한 더 깊은 통찰력을 얻게 될 것이다.

함께 이야기 속으로 들어가 보자.

성경적인 장로직은 순회하는
교회개척자와 분리될 수 없다.
분리하고 싶다면 그렇게 하라.
그러나 당신이 펼치는 논리와 행위들이
어떤 면에서 하나님의 말씀에 근거하고 있다는
주장만은 하지 말라.
그럴 수는 없다!

13
골로새서와 에베소서 안의 장로들[18]

에베소를 떠난 후 바울은 마침내 예루살렘 길에 오른다. 그리고 거기 예루살렘에서 폭동을 만나 가이사랴 감옥에 수감된다.

죄인으로 체포된 바울은 예루살렘에서 로마로 이송된다. 그리고 사도행전은 거기서 끝난다. 하지만 그의 사역이 거기서 끝나는 것은 아니다. 죄수의 신분으로 지내면서도 바울은 자기 일을 계속한다. 로마 제국의 심장부에 갇힌 상태로 바울은 4개의 서신을 추가로 교회들에 써 보낸다.

이야기는 그렇게 계속된다.

이 이야기에 좀 더 깊게 들어가기 위해 우리는 먼저 '에바브라'라는 젊은이를 소개받을 필요가 있다.

에바브라는 골로새 출신의 청년이다. 골로새는 소아시아의 에베

---
[18] 이 두 서신에 나오는 사건들은 사도행전 28장으로 마무리된 사건들 이후에 일어난 일들이다

소에서 동쪽으로 약 140km 떨어진 조그만 마을이다. 바울이 에베소에서 3년 동안 교회를 세우며 여덟 명의 청년들을 훈련하고 있을 당시, 이 골로새 출신의 젊은이도 에베소를 방문했다가 바울을 만나 그리스도를 받아들였던 것으로 보인다. 얼마 후 에바브라는 고향마을로 되돌아갔고 거기 골로새에 교회를 세웠다. 그리고 약 3년 후 에바브라는 인접 마을 히에라볼리와 라오디게아에도 차례로 두 개의 교회를 추가로 세웠다.[19] 에바브라는 골로새를 출발해 바울이 갇혀있는 로마로 여행하리라 결심했다. (지금 바울이 이탈리아, 로마에 갇혀있다는 사실을 기억하고 있으라) 에바브라가 선택한 여정 안엔 그리스를 가로질러 도중에 빌립보교회(북그리스)를 방문하는 일정이 포함되어 있었다. 거기 빌립보의 에클레시아는 이 멋진 청년과 만나자마자 사랑에 빠졌고 에바브라 역시 그 교회를 깊이 사랑하게 되었다. 빌립보교회를 위로한 후 에바브라는 다시 배를 타고 로마로 향했고 마침내 브린디시 항구(Brindisi)에 도착했다. 거기에서 이탈리아를 가로질러 로마 중심부에 다다른 이 청년은 적지 않은 시간 동안 바울 곁에 머물며 그와 교제하였다. 바울은 이 청년에게 깊은 인상을 받았고 바울 자신이 한 번도 가본 적이 없는 골로새의 교회들에 대해 전해 들었다.

바울은 에바브라가 일으켜 세운 이 세 교회(골로새, 히에라볼리, 그리고 라오디게아)에 편지를 쓰기로 마음먹었다.

---

[19] 내가 보기에 에바브라는 신약성경에서 가장 눈여겨보아야 할 인물 중 하나라고 생각된다

바울은 에바브라를 교회개척자로 보았다. 이후, 바울은 심지어 그를 보냄 받은 자… 즉 사도라 부르기도 한다.

바울이 보낸 편지를 받았을 당시 골로새 교회들의 나이는? 우리가 정확하게 측정할 수는 없지만 아마도 1년 남짓, 아니면 2~3년 정도의 교회였을 것이다. 바울은 이 **세 교회에 두 편의 편지**를 썼다. 그 중 한 편지엔 **에베소서라는 잘못된 이름**이 붙었다. 실제로 그 편지는 에베소교회에 보낸 편지가 아니라 골로새, 히에라볼리, 그리고 라오디게아에 보낸 편지이다. 두 편지 모두 이들 세 교회 안에서 낭독되었다.

대략 A.D. 62년의 일이다.

이 두 편지를 자세히 살펴보라. 당신은 장로에 대한 단 한 줄의 언급도 찾아내지 못할 것이다. 직접적인 언급이 아니더라도 장로와 연루된 구절이나 암시조차도 없다. 문맥이나 행간에 숨은 의미조차 발견되지 않는다.

이 두 편지를 끝냈을 때 바울은 에바브라의 손에 이 편지들이 골로새의 세 교회에 전달되기를 희망했다. 당신의 눈으로 한 번 더 확인하라. (1) 하나님의 백성들, 그리고 (2) 교회개척자…. 이 둘은 불가분의 관계에 있다.

하지만 에바브라는 이 두 편지를 전달하지 못했다. 그는 로마에서 병이 들었고 상태가 너무 심해 소아시아까지의 여정을 도저히 소화하지 못할 지경에 이르렀다.

여기서 바울은 교회개척자만이 할 수 있는 그런 종류의 일을 감행

한다. 그는 자신이 에베소에서 3년 동안 훈련했던 한 젊은이를 불러 들여 이 일을 감당케 했다. 두기고, 이제 그가 교회개척자의 사역에 뛰어들었다. (사도행전 20:4, 골로새서 4:7, 디도서 3:12, 디모데후서 4:12을 보라) 바울은 이미-그리고 이후에도-로마 제국 전역의 교회들에 두기고를 보냈던 것처럼 보인다.

하나님께선 **교회 안에서** 하나님의 일꾼이 걸어 나오는 날을 우리에게 주실 것이다. 또 교회가 **교회 밖으로부터** 교회개척자의 도움을 받아 세워지는 날을 우리에게 주실 것이다.

두기고는 편지를 손에 들고 소아시아를 향해 출발했다. (에바브라가 로마로 오는 길에 빌립보교회를 방문했던 것처럼 두기고도 소아시아로 가는 길에 빌립보교회에 들러 신자들을 위로했다.)

두기고는 로마에서 브린디시 항구로, 브린디시에서 배를 타고 남 그리스로 들어가는 여정을 택했다. 그다음에 북그리스까지는 걸어 들어가 빌립보교회를 방문했다. 빌립보교회를 방문한 후 두기고는 배를 타고 소아시아로 건너가 140km 정도를 걸어 골로새에 도착했다.

우리는 교회개척자인 바울을 알고 있다. 이제 우리는 또 다른 교회개척자 에바브라를 소유하게 되었고 이제 막 교회개척자로 나선 두기고를 알게 되었다. 이 세 사람이 모두 소아시아 동쪽의 세 교회(골로새, 히에라볼리, 라오디게아)와 연루된 교회개척자들이다. 두기고는 한동안 골로새에 남아 어린 세 교회를 힘 있게 격려한 다음 다시 길을 나섰다. 이것이 이 **이야기**에 얽힌 실제 내용이다!

그렇다면 에바브라는 어떻게 되었을까? 그가 죽었을까? 그렇지 않다. 그는 다시 살아났다. 그가 완전히 회복되자 바울은 그를 골로새, 히에라볼리, 라오디게아로 보낸 것이 아니라 빌립보로 보냈다! 에바브라는 바울이 쓴 편지(빌립보서)를 들고 빌립보에서 한 몸으로 모이고 있는 에클레시아를 향해 나아갔다.

이 모든 상황이 전개되고, 편지가 오가고, 교회가 세워지는 과정에 장로는 단 한마디도 언급되지 않는다.

이제 잠시 빌립보에 들러보자. 빌립보교회의 문 앞에 지금 에바브라가 서 있다. 바울이 쓴 편지를 손에 들고! 기대하시라! 그 편지 안에 장로에 대한 언급이 들어있다! 바울이 교회에 쓴 편지(빌립보서)에 최초로 장로에 대한 언급이 들어있다는 말이다. 이것은 빌립보교회에 장로들이 존재했음을 의미한다. 틀림없는 사실이다.

빌립보교회는 엄청난 위기를 겪고 있었음이 틀림없다. 그러니 바울이 장로를 언급하지 않았겠는가? 이제 우리는 교회 안에서 확고한 지도력을 펼치고 있는 1세기 교회의 장로들을 목격할지도 모른다.

장담할 순 없지만!

가장 하찮은 내가 스스럼없이
당신의 모임에 참여하여
모임을 풍요롭게 할 기회를 얻는다면
사람들은 당신의 모임(예배)이
완전한 자유를 누리고있음을 발견할 것이다

-기도자 마태-

14

마침내, 빌립보교회가 장로를 두다!

바울이 골로새 교회들에 두 편, 빌립보교회에 한 편의 서신을 보낸 지 여섯 달이 지났다. 그동안에도 많은 일이 일어났다.

두기고가 로마를 떠나 골로새로 가는 도중 빌립보교회를 방문했을 때 그는 에바브라가 몸져누웠다는 소식을 빌립보교회 신자들에게 전했다. 빌립보교회는 크게 낙담하였다. 에바브라가 로마로 가던 중 그들을 방문했을 때, 빌립보교회와 에바브라는 그리스도 안에서 깊은 사랑에 빠졌기 때문이다. 빌립보교회 신자들은 즉시 한 형제를 로마로 보내 옥중에 있는 바울에게 선물을 전하고 에바브라의 생사를 확인하였다. 빌립보교회는 바울과 에바브라 두 사람의 소식을 간절히 기다리고 있었다. 이때 바울은 기발한 생각을 해냈다.

당시 에바브라는 완전히 건강을 되찾고 있었다. 바울은 즉시 빌립보교회에 편지를 썼다. 그리고 이 편지를 빌립보교회 형제의 손에 들려 보낸 것이 아니라 빌립보교회가 그토록 사모하는 에바브라의 손에 들려 보내기로 마음먹었다.

이때가 A.D. 63년이고 바울이 빌립보교회를 세운 해가 A.D. 50년 여름이었으니 그 사이에 13년이란 세월이 흘렀음을 기억하라. 빌립보교회에 보낸 편지에서 바울은 처음으로 장로라는 용어를 입에 올린다. 한번, 딱 한 번, 그것도 장로들에게 직접 말한 것이 아니라 교회 전체에!

우리는 빌립보교회가 언제 장로를 갖게 되었는지 알 수 없다. 바울은 최소한 세 차례 빌립보교회에 머문 적이 있다. 아마도 세 번째 방문했을 때 장로들을 세웠을 것이다. 그렇다면 빌립보교회가 장로들을 세운 것은 교회가 설립된 후 최소 9년이 지났을 때이다.

분명한 사실 하나를 다시 확인하고 가자. 장로들이 세워지기 전 이미 강력한 형제 관계와 자매 관계-그것을 '형제의식'이라 불러도 좋다-가 교회 내적으로 형성되어 있었다는 사실이다. 그렇다면 장로들이 세워지기 전엔 누가 있었는가? 형제들과 자매들만 있었다. 그들이 교회를 이끌고 있었다. 1세기의 무대에는 **언제나** 두드러진 두 부류의 주인공이 있었다. (1) 사도들, 그리고 (2) 하나님의 백성들. 장로직은 그 역사의 무대에서 중심역할이 아니었다.

참여! 그렇게 많은 사람에 의해 그토록 오랜 시간 에클레시아의 몸에 새겨진 '참여'라는 유전자가 장로제도라는 인위적인 성직에 의해 괴사될 수는 없는 노릇이다.

모든 신자가 참여하여 몸을 세워나가는 교회에선 장로들이 큰 위협이 되지 않는다. 어떤 유형의 성직이 강력해지는 것은 우리가 수동적인 수혜자가 될 때이다. 장로직이 지배적인 형태의 리더십으로 나타나는 것은 그것을 막으려는 노력이 부족해서가 아니라 오랜 시간 건재해왔던 1세기 교회의 강력한 형제 관계를 전수받는 일에 우리가 소홀했기 때문이다. 빌립보교회의 장로들은 바로 그러한 형제 관계의 토대 위에서 출현하였다. 장로가 된 사람들은 바로 그 형제 관계의 일부였다. 장로가 된 그들이 누구였든지 또 장로로서 그들이 무슨 직무를 맡았든지 그 모든 일은 마치 한 몸인 것처럼 교회 일에 참여했던 성도들의 결정에 따른 것이었다. 교회 안의 모든 모임과 중요한 결정에서 활발하게 발언하고 참여하던 성도들이 어제까지만 해도 구원받은 감격을 함께 누리던 몇몇 "형제"들에게 장로라는 이름을 주고 나서 자신들의 모든 역할을 그들에게 넘겨준 후 자신들은 그 권위 밑에서 순종했을 것이라 기대하는가!

우리는 장로가 등장했던 그 배경과 분위기를 살펴보는데 너무 무지했다. 그것은 치명적인 실수이다.

오늘 우리에게 익숙한 분위기는 한 사람이 말하고 나머지는 잠자코 듣는 것이다. 간혹 말할 기회가 주어진다 해도 이미 한 사람이 주도하는 분위기가 뿌리내린 그 모임 가운데 어떤 형제 관계가 자라나기란 거의 불가능하다. 어느 날, 그 모임을 이끌던 사람이 "우리 모임에 장로가 필요합니다."라고 가르치기 시작하면 듣는데 익숙한 나머지 사람들은 조용히 고개를 끄덕일 수밖에 없다. 수동적인 자세가 이미 몸에 배어들었기 때문이다. 이어서 두 사람 정도가(아마도 그 성경 교사와 가까운 인물일 소지가 다분하다!) 장로로 선출될 것이다.

이제 당신은 성경 교사를 포함하여 장로라 불리는 세 사람의 성직자를 두게 되었다. 그리고 그들은 다른 신자들에게 엄청난 영향력을 미치거나 그들의 삶을 황폐화시킬 것이다. (이삼 년이 지난 후, 누군가는 그들에 의해 심한 상처를 받고 있을 것이다. 안 그런가!)

이런 방식이 오늘날의 일반적인 관행이지만 그것은 결코 1세기의 방식은 아니었다. 1세기 기독교에선 모든 일이 모든 신자의 참여 가운데 결정되었다. '앉아서 듣는' 사고방식이란 1세기 신자들에게 아주 낯선 것이었다. 교회의 모든 결정은 궁극적으로 사도들, 하나님의 백성들, 그리고 성령께 달려있었다. 모든 사람이 유기적으로 '기능'했다.

다시 빌립보교회로 돌아가 보자. 빌립보교회 역시 이 세 부류의 핵심 요인들, 즉 사도들, 하나님의 백성들, 성령만으로 견뎌냈던 긴 시간이 있었고 그 토대 위에서 빌립보교회의 장로들이 세워졌다. 그들이 장로가 되었을 때 모든 신자는 장로가 된 이 형제들을 실질적으로 알고 있었고 장로가 된 형제들은 에클레시아의 모든 형제자매에 의해 깊은 신뢰를 받고 있었다. 그렇지 못했다면 이들은 결코 장로가 될 수 없었을 것이고 바로 그런 사람들이 빌립보교회의 장로들이었다. 그 장로들이 다른 신자들의 삶에 개입하여 지도력을 행사하고 권위를 자랑하기엔 빌립보교회의 특성상, 그리고 구조상 전혀 가능하지 않은 일이었다. 무엇보다도 깊은 형제 관계 속에서 실질적인 그리스도의 몸을 이뤄 살아온 시간과 경험이 있는데 그것을 뒤로하고 오늘날 우리가 교회에서 목격하는 그런 장로의 권한을 행사한다는 것은 전혀 어울리지 않는 일이었다.

하나님의 백성들이 서로의 삶에 깊이 관여할 만큼 성숙했을 때조차도 장로들은 다른 사람의 삶에 극히 제한적인 지도력만을 행사해야 한다.

> 모든 기독교 모임 안에는 다른 사람들의 삶에 뛰어들어 지도력을 행사하려는 사람들이 나타나기 마련이다. (1세기에도 그건 마찬가지였다) 하지만 오랜 경험을 통해 에클레시아는 그런 부류의 사람들 속에 숨어있는 독재 근성을 발견하게 되었다. '그들이' '그들 자신을' 장로로 세우기 전, 자신들 안에 있는 그 독재 근성을 고백할 수 있도록 기도하자.

상호 기능하는 강력한 그리스도의 몸을 이룬 형제들은 **결코** 그런 장로가 출현하는 것을 허락하지 않을 것이다. 그렇게 될 때만이 그 모임에서… 신사적이고, 배려하고, 정 깊고, 온순한… 최소한 **제정신**을 가진 형제들이 나타나고… 그 형제 중에서 장로의 직무를 감당할 사람이 출현할 것이다. 하지만 그조차도 충분한 시간이 필요하다! 어떤 리더십도 없이 에클레시아 자체로 기능하고 생존하는 방식을 배우는 시간, 이 시간이 필수적인 요인으로 작용한다. 장로를 선정하기에 앞서 에클레시아의 생명이 잉태되는 이 시간이 반드시 필요하다.

거기에 더해….

순회하는 교회개척자!

교회의 생명이 움트는 이 간단치 않은 기간! 에클레시아 안에서 강력한 형제 관계가 자랄 만큼의 긴 시간! 그리고 그 생명의 한 축이 될 순회하는 교회개척자! 이들이 에클레시아의 생존을 결정한다.

스스로 대답해보라. 이 빌립보교회의 장로들이 교회운영의 열쇠를 쥐었을 것으로 생각하는가? 바울이 빌립보교회에 쓴 편지 가운데 장로들을 위해 할애한 지면을 점검해 보라. 빌립보교회 장로들이 교회개척자로부터 받은 문장은 고작 한 문장도 아닌 1/4문장이었다! 바로 그 장로들이 빌립보교회의 모든 기능을 통제하고 나머지 형제자매들은 앉아서 듣고 있었을 것이라 당신은 믿는가?

하나님의 백성들이 회의장에 들어와-착석한 다음-장로들에 의해 결정되는 교회운영사항을 듣고-말없이 다시 회의장을 걸어 나가는 모습은 1세기 교회에서 있을 수 없는 일이었다. 그런 정보를 제공하는 1세기의 문서는 존재하지 않는다. 그 대신, 존재하는 모든 증거는 형제애, 자매애, 멤버십(churchhood), 그리고 순회하는 교회개척자를 소리 높여 증언하고 있다.

바울이 쓴 편지 중 다섯 편은 심각한 위기에 처한 교회 가운데 보내졌다. 편지 가운데 그 교회들이 맞은 위기가 그대로 드러나고 있다. 그런데도 그 편지 가운데 장로들에 대한 언급은 없었다. 그리고 이제 빌립보에 보낸 한 서신에서 드디어 장로에 대한 언급이 나오는데 그 교회는 의외로 평화를 누리고 있었다!

참으로 역설적이지 않은가? 그 안에 계시가 꿈틀거리지 않는가!

빌립보서의 마지막 몇 구절을 자세히 들여다보면 이 아름다운 교회 안에도 사소한 갈등이 있었음을 발견하게 될 것이다. 그런데 그것을 누가 다루고 있는가? 바울은 빌립보교회의 장로들에게 그 중재 역할을 부탁하지 않는다. 바울은 자신이 그 문제를 직접 짚는다.

한 교회가 내부적으로 문제를 안고 있을 때 외부에서 온 누군가에 의해 그 문제가 풀린다는 것은 얼마나 큰 은혜이며 축복인가!

한 번 더 바울은 장로의 손을 빌리지 않고 자신이 그 교회의 위기를 풀어낸다.

에클레시아 밖에 있는 어떤 이방인이, 아니 낯선 사람이 교회로 들어온다고? 그렇지 않다! 그 사람은 그 교회를 일으켜 세운 사람, 교회개척자이다.

그렇다면 그 교회개척자가 늙어 죽으면 그땐 어떻게? 그 교회개척자가 괜찮은 사람이라면 그는 반드시 그를 대신할 교회개척자를 남길 것이다.

이제 우리는 **목회서신**이라 불리는 신약성경 문서들에 다다르고 있다. 그러나 이 문서들은 보다시피 **목회서신이 아니다.** 이 문서들은 **교회개척자**가 다른 **교회개척자들**에게 보낸 세 편의 서신이다.

권위는 사람을 중독시킨다.

-사무엘 버틀러-

15

젊은 교회개척자들에게 보낸 편지

이세 서신은 종교개혁 이전까지 목회서신으로 알려지지 않았다. 종교개혁의 결과로 이 땅에 나온 목사들, 그들을 위해 부여된 이름이다.

그렇다 치더라도, 그 서신들을 목회서신으로 부르면 안 될 이유는 무엇인가?

우리는 목사라는 인물 외에 다른 모든 등장인물이 에클레시아의 무대에서 내려와 버린 그런 시대에 살고 있다.

그러나 1세기엔 목사가 존재하지 않았다. 오늘날 "목사"라 불리는 사람이 만들어낸 직책은 신약성경 중 에베소서에 나오는 단 한 **구절**에 의지하고 있다. 오늘날엔 너무도 흔한 목사라는 타이틀이 1세기 교회의 이야기 속에선 도무지 발견되지 않는다.

디도와 디모데는 바울이 개인적으로 훈련해 교회를 세우도록 파송한 젊은이들이었다.

디모데전서를 읽으면서 그 당시 편지를 받는 이 젊은이의 나이를 당신이 추정해보라. 젊게 보면 서른두 살, 많이 보면 서른넷이나 여섯 정도일 것이다.

디도는 시리아의 안디옥교회에서 성장했다. 그는 안디옥교회가 어려운 문제에 봉착했을 때, 바울, 바나바와 함께 예루살렘교회를 방문하는 대표단에 선출됐던 형제이다. 그는 교회 역사상 최초의 사도인 열두 제자와 예루살렘교회의 장로들, 바울과 바나바, 그리고 예수님의 형제를 포함한 다른 많은 사람과 예루살렘의 어느 거실에 함께 앉았던 사람이다! 디도는 풍부한 경험을 지닌 젊은이였다. 디도가 예루살렘교회에 갔을 때의 나이를 스물넷 정도로 가정한다면 바울이 그에게 편지를 썼을 때의 나이는 약 서른여섯 정도였을 것이다!

바울이 편지를 보낸 것은 바로 이 두 젊은이였다.

이 편지를 읽기 전에, 이 편지가 교회개척자에 의해 작성된 편지임을 꼭 기억하라.

마음에 새겨야 할 진실이 하나 더 있다. 오순절 성령강림 후, 우리가 오늘날 신약성경이라 부르는 대부분의 기독교 문서들이 바로 이 교회개척자에 의해 기록되었다는 사실이다. 예외가 있다면 누가에 의해 기록된 문서들뿐이다. 당신이 '사도행전'-누가에 의해 기록된-이란 이름이 붙은 책을 주의 깊게 읽다 보면 이 책 역시 "사도들의 행적"을 말하고 있음을 알게 될 것이다. 만약 사도행전을 다르게 부를 수 있다면 **"교회개척자들의 행적"**이 될 것이다.

바울이 디모데전서와 디도서를 쓸 당시 디도보다 더 풍부한 경험을 가진 사람은 열두 사도와 바울(어쩌면 바나바도) 외엔 없었다.

디도는 안디옥교회가 처음 세워질 때부터 그 자리에 있었다. 그는 바울과 바나바 밑에서 직접 보고 배웠다. 그뿐만 아니라 예루살렘에 올라가 열두 사도를 직접 만났다. 예루살렘교회를 직접 경험한 이방인 신자는 많지 않다. 그러나 디도는 예루살렘교회에 들어가 주님의 열두 사도들이 바울과 바나바의 사역을 축복하는 역사적 장면을 목격한 사람이다.

디도는 갈라디아의 네 이방인교회도 방문했다. 북그리스의 세 이방인교회에서 지낸 경험도 있다. 거기에다 소아시아의 에베소교회가 세워질 땐 그 탄생과정을 직접 목격하였고 그 교회의 멤버가 되었다. 그는 고린도 교회가 위기를 벗어나는데도 적잖은 역할을 했다. 고린도 교회가 위기에 빠졌을 당시, 바울은 여러 사정으로 직접 그곳에 갈 수 없었고 그때 바울이 그 교회에 보낸 사람이 디도였다. 디도는 에베소교회에서 3년 동안이나 바울에게 직접 훈련을 받은 사람이기도 하다. 그 후 바울은 소아시아 인근의 작은 도시들에 교회를 세우도록 디도를 보냈다. 바울처럼 디도도 **교회개척자**가 된 것이다!

얼마 후 바울은 크레타(Creta)섬으로 디도를 보내 그곳에 교회를 세우게 한 다음, 또 다른 교회개척자가 그 역할을 대신하게 하고 디도를 다시 불러들인 적도 있었다.

디도는 1세기 기독교 세계 전반에서 좋은 평을 받았던 형제였다. 그는 바울의 뒤를 이어 이방인교회의 교회개척자로 훈련받았다.

그러나 당신이 디도에 대해 정작 알아야 할 사실이 따로 있다. 디도는 다른 나라, 다른 문화, 다른 지역 에클레시아 출신의 형제들과 풍부한 교류를 했던 사람이다. 그는 바울에 의해 훈련받았을 뿐 아니라 디모데, 가이우스, 아리스다고, 세군도, 소바더, 두기고, 드라비모와 함께 훈련받았다. 그는 소아시아에 교회를 개척했던 에바브라와도 친분이 있었고 바울과 함께 로마에서 친히 동역하기도 했다!

이 사람이 바로 "디도서"를 수령한 장본인이다.

이 사람은 그냥 형제 중의 한 사람이 아니다. 디도는 다소의 바울과 예수님의 열두 제자를 제외하곤 1세기 교회에서 그 누구보다도 풍부한 경험이 있었다.

그런데 왜… 예루살렘의 장로들, 갈라디아의 장로들, 빌립보의 장로들, 그리고 에베소의 장로들까지 이미 알고 있던 디도에게, 더구나 16~17년 이상 자신 옆에서 친히 보고 배웠던 동역자에게, 그리고 이미 십수 년 이상 주님의 일을 감당해오고 있는 디도에게 바울은 다급하게 장로의 자격에 대해 편지를 써 보낸 것일까?

그는 지금 장로의 자격을 다시 배울 필요가 전혀 없는 사람이었다. 이제 노인이 된 바울이 중년에 접어든 디도에게 느닷없이 장로의 자격에 관해 설명한다고? 왜? 왜 바울은 장로에 대해 누구보다 잘 알고 있는 디도에게 장로가 무엇인지를 설명하기 위해 노심초사하고 있는 것일까?

디도 외, 또 다른 중년의 개척자에게 보낸 바울의 두 편지를 추가로 살펴볼 동안, 이 질문에 대한 답을 깊이깊이 생각해보라. 잠시 후에 다시 디도서로 돌아올 것이다.

이제 또 다른 중년의 교회개척자 한 사람을 만나보자.

우리는 장로와 장로의 자격을 둘러싼
문제를 가지고 잠시 야단법석을 떨었다.
하지만 우리는 그동안 우리가 읽은 문서가
교회개척자에 의해 기록되었다는
사실을 망각해왔다. 아니 그동안 우리는
기독교라는 대하 드라마에서 교회개척자라는
존재 자체에 대해 주의를 기울이지 않은 것이
사실이다. 그들이 어떻게 훈련받았는지,
무슨 경험을 했는지, 그들과 지역교회 모임은
어떤 관계에 있는지.
이 기본적인 사실로 돌아갈 때,
아니 오직 그때만이 우리는 지역교회의 장로직이
비로소 이해되기 시작할 것이다.
장로직의 본질은 교회개척자로 돌아가지 않고는
살아날 수 없는 개념이다.

16

모든 것을 이미 경험했고 현재 행하는 젊은이에게!

교회개척자가 교회개척자에게 보낸 편지를 수신했던 사람이 디도 외에 또 누가 있었을까?

바로 디모데이다. 디모데 역시 수많은 지역에서 일해 본 경험이 있었고 에클레시아와 관련한 모든 것을 이미 목격한 사람이었다. 바울만큼이나!

어린 나이에, 디모데는 바울과 바나바에 의해 루스드라 교회가 세워지는 것을 직접 목격하였다.[20] 청년기를 채 벗어나지 못했을 때 그는 바울과 실라를 따라나서 두 교회개척자가 교회를 심는 과정을 똑똑히 지켜보았다. 빌립보에서 바울이 얻어맞는 것도 목격했다. 데살로니가 폭동의 현장에도 그가 있었다. 그 모든 와중에서도 데살로니가 교회가 든든히 세워지는 것을 그는 체험했다. 아덴(아테네)의 모

---

[20] 얼마 후, 예루살렘의 유대주의자들이 갈라디아로 내려와 갈라디아의 네 이방인교회 신자들에게 할례를 종용하고 율법에 복종을 강제할 때, 이 유대주의자들과 담대히 맞섰던 청년도 다름 아닌 디모데였다

임도 지켜보았고 이후 18개월 동안 바울과 함께 고린도 교회에 머물며 그 옆에서 배우기도 했다. 바울이 에베소에 들어갈 때도 동행했는데 두 사람 중 한쪽은 이미 그 도시를 방문한 경험이 있었다.[21] 예루살렘교회를 방문한 후 함께 안디옥교회로 올라가 그해 겨울을 거기서 보내면서 디모데는 바울의 세 번째 교회개척 여정을 돕는다. 그다음 4년 동안, 에베소에서는 물론 이후의 모든 여정에서도 디모데는 바울의 곁을 지켰다. 바울이 위험을 무릅쓰고 다시 한번(사실은 마지막으로 역주) 예루살렘교회를 방문할 때도 디모데는 바울 곁에 서서 폭도들에 의해 몸이 찢길 지경에 이른 그를 지켜보았다. 바울이 체포되어 가이사랴의 감옥에 투옥되었을 때 디모데의 행방은 알려지지 않지만 이후 바울이 죄수의 신분으로 로마로 이송되었을 때 디모데는 다시 바울 곁을 지키고 있었다.

디모데는 바울이 일으켜 세운 거의 모든 교회를 방문했다. 디도처럼, 그 역시 아리스다고, 세군도, 가이우스, 소바더, 두기고, 그리고 드로비모와 함께 3년 동안 바울의 손에 교회개척자로 훈련받았다.

디모데는 안디옥교회와 갈라디아 교회들은 물론 그리스교회, 예루살렘교회뿐만 아니라 로마에 세워진 교회조차 당신에게 상세히 증언해줄 수 있는 유일한 사람이다.

---

[21] 1년 반의 고린도 생활을 마치고 예루살렘으로 내려갈 때 두 사람 중 하나는-혹은 두 사람 모두- 브리스길라 부부와 함께 에베소에 들렀다. 그리고 브리스길라 부부에게 거기 남아 에베소교회 개척을 위한 사전준비를 부탁한 후 함께 예루살렘교회를 방문했다. 거기서 절기에 참여한 후, 두 사람은 다시 안디옥교회로 올라가 그해 겨울을 보내고, 이듬해 갈라디아 교회와 그리스 교회 출신의 여섯 젊은이와 함께 에베소로 들어가 교회를 세웠다. 역주.

당신이 디모데전서를 읽을 때 이 편지를 수신하는 사람이 바로 이 사람, 디모데라는 사실을 명심하기 바란다.

바울은 이 편지를 A.D. 63년에 디모데에게 써 보냈다. 그 배경은 이렇다.

당시 바울은 북그리스에 있었다. 디모데는 에베소를 돌아보고 있었다.

에베소교회에 장로들이 있었다는 사실을 기억하고 있는가?

만약 당신이 장로직에 대한 가르침을 받은 경험이 있다면 에베소교회 장로들을 모범으로 거론하는 경우를 많이 들었을 것이다. 사람들은 에베소교회가 장로들을 두고 있었다는 성경 본문에서 엄청난 주제들을 끌어낸다. 그리고 단순히 그 존재 사실만을 강조하는데 그치지 않고 그들이 교회를 운영하고 있었다고 주장한다. 강력한 장로직에 대한 많은 주장이 그 근거 위에서 펼쳐진다. (에베소교회의 장로들과 관련한 이 책 12장의 논의들을 보라.)

하지만 여기에 당신이 꼭 기억해야 할만한 사실이 숨겨져 있다. 에베소교회는 장로들을 두고 있었을 뿐 아니라 그 장로들을 "감독"하는 살아 숨 쉬는 두 명의 교회개척자가 있었다.

앞서 약속했듯이 당신을 위한 충격적인 사건이 여기 준비되어 있다.

디모데전서 3장을 보라. 당신이 알아야 할 첫 번째 사실은 지금 바울이 이 편지를 쓰는 목적이 디모데의 유익을 위해서가 아니라는 사실이다. 바울은 지금 장로가 될 사람들의 자격조건을 디모데에게 말하고 있다. 그런데 디모데는 이 모든 것을 이미 알고 있는 사람이다. 디도가 그러했듯이!

디도처럼 디모데 역시 갈라디아 네 교회의 장로들과 예루살렘교회의 장로들을 이미 만났다. 그는 빌립보교회의 장로들도 알고 있다. 디모데 자신이 이미 교회들을 개척해왔고 어쩌면 그의 손으로 벌써 장로들을 임명한 경험이 있을지도 모른다. 지금 바울이 편지(디모데전서)에서 말하는 장로들의 자격조건은 디모데의 입장에서 뜬금없고 새삼스러운 일이다.

지금 무슨 일이 진행되고 있는 것일까?

만약 디모데에게 이 말들이 유익하지 않다면 왜 바울은 다급하게 장로들의 자격조건을 적어 보냈을까? 바울은 자신이 디모데에게 보낸 이 편지를 읽게 될 다른 사람들을 위해 이 말들을 하는 것이다.[22] 즉 바울은 그가 디모데에게 보낸 편지를 읽게 될 교회들에 하고 싶은 말을 전하고 있다. 지금 디모데가 교회에서 실행하려는 일이 무엇인지, 디모데가 이제 새로운 장로들을 세우면서 그 새 장로들에게 요구하는 덕목이 무엇인지, 그것을 바울은 교회들에 알려주고 싶은 것이다. 다시 말해서 지금 바울은 **에베소교회 신자들**에게 언제, 어디서, 누가, 어떻게, 장로의 직임을 수행할지 그 지침을 주고 있는 것이다.

바울은 자신이 지금 디모데에게 말하는 지침을 에베소교회가 잘 따라주기를 기대했다. 지금 상황은 교회개척자인 디모데가 장로들

---

[22] 1세기엔, 교회나 개인에게 보내진 대부분의 서신이 회람 서신, 즉 공동체 모두가 돌려 읽거나 공동체 안에서 낭독되는 서신들이었음을 참고하라. 역주.

을 임명하는 상황이고, 바울은 에베소교회(그리고 에베소 주변에 새로 태어난 신생 교회들이) 자신이 디모데에게 전하는 장로직의 지침을 잘 따라주길 바라고 있음이 분명하다.

이제 사도행전 20장으로 돌아가 에베소교회의 장로들과 바울의 관계에 대해 깊이 들여다보자.

지금 디모데가 바울의 편지를 들고 서 있는 이곳은, 수년 전, 밀레도 해변에서 바울과 눈물겨운 작별을 했던 바로 그 에베소교회 장로들(행 20장)이 속해있는 교회임을 잊지 말라. 자, 에베소교회가 여기 있다. 그리고 교회 안에 이미 장로들이 존재하고 있었다. 그런데 순회하는 교회개척자인 디모데가 지금 **새 장로**가 될 사람들의 자격조건이 명시된 바울의 편지를 들고 에베소교회를 방문하고 있다.

무슨 의미인지 알겠는가!

그동안 강력한 장로직의 정당성과 권한을 지지하는 증거 본문으로 사용되어왔던 이 사도행전 20장과 디모데전서를 한 자리에 놓고 그 전체 그림을 들여다보라. 우리는 완전히 새로운 장로직을 만나게 된다.

디모데전서 3장 1절에서 바울은 믿을 수 없는 진술을 하고 있다.

"장로(elders/overseers/watchers)가 되고자 원하는 것은 선한 일이다!!"

지금 디모데는 에베소교회에 장로를 임명하려고 서두른다. 이미 장로가 있는 그 교회에 말이다!

이런!

많은 다른 설명들이 가능하겠지만 이 본문에서 수정같이 분명한 한 가지 사실은, 장로직이 **영구적인 직분이 아니라는** 사실이다. 잠시 이것에 대해 깊이 생각해보라. 장로가 된다는 것은 평생 그 직분을 유지함을 의미하지 않는다!

당신이 알고 있는 모임이나 기독교단체의 장로직(혹은 장로직과 유사한)에 대해 생각해보라. 장로로 선출된 사람들이 그의 평생에 걸쳐 직분을 수행한다. (수석 장로의 기분이 언짢아 그의 직분이 박탈되기 전까지는!)

이들은 점점 더 교회 안에서 자신들이 미치는 영향력을 실감하며 교회운영에 개입하고 많은 문제를 다루는 과정에서 신자들의 삶을 파괴하기 시작한다. 비열함, 혐오스러움, 권모술수, 권력 게임, 험담, 파탄, 분열, 그 밖에 가능한 모든 일이 장로들에 의해, 그리고 장로가 되고 싶은 사람들에 의해 자행되어왔다.

한번 장로가 되면 영원히 그 자리에 머물러야 한다고 믿으며 장로가 되길 원하는 다른 사람들과 언제라도 전투를 치를 준비가 되어있는 수많은 장로가 지금도 존재한다.

스스로 이 질문을 던져보라. 교회들이 장로를 세운 후 보통 그 직분이 얼마나 오랫동안 연임(連任)되는가?

대답은 거의 비슷하다. 영원히!

그들은 그 직분에 영원히, 아니면 수석 장로에 의해 제명될 때까지 머문다. 장로로 선정된 이들 중에 자신을 장로로 선정한 그 **실세를 가진 리더**에게 반기를 드는 경우, 전쟁, 혹은 파문, 아니면 분열이 일어나기도 하고 종종 이 셋 모두가 발생하기도 한다. 대략 정리하면 장로가 된 사람들은 죽음을 맞거나 실세를 가진 리더에 의해 밀려나기 전까지는 계속 장로직에 머물러 있다.

오늘날의 장로들이 목사나 그 지역교회의 수장(그 자리를 뭐라 부르든)과의 이해관계 속에서 세워지고 있음은 두말할 필요도 없고 그 장로를 세운 지역교회 리더들은 계속해서 그 지역교회의 리더십으로 남아 있다.

만약 어떤 젊은 신자가 그 지역교회의 리더를 열렬히 추종한다면 그 지역교회의 리더는 그 젊은 추종자를 장로직에 앉혀 자신의 영향력 아래에 둔다. 그런데 그 장로가 적반하장으로 교회를 좌지우지하는 날엔 장차 일어날 대전투의 불씨를 교회가 안고 있는 것이나 다름없다. 세월이 흘러 그 젊은 추종자가 조금씩 지혜로워지면 그는 지역교회 리더와 일정한 경계를 두고 자신을 보호하기도 하고 어떤 사람은 자신을 장로로 선택한 그 지역교회 리더를 새로운 눈으로 관찰하기 시작한다. 그때 그의 눈에 들어오는 그 지역교회의 리더는 독재자의 모습을 하고 있다. 그 결과 뒤따르는 것은 반역이다. 그리고 살육이 시작된다. 어이없지만 이 과정이 지금도 계속되는 장로직의 선정 과정이다.

장로가 되기 위해서는 최소한 디모데전서에 언급된 그 가장 일반적인 자격에라도 적합한 사람이 선정되는 분위기가 정착되어야 한다.

이 본문이 우리에게 말하는 바는, 장로직에 오르는 일이 교회에 파란을 불러일으키는 일이 되어선 안 되며, 장로직을 그만두는 것 역시 교회에 파란을 불러일으키는 일이어선 안 된다는 사실이다.

이 본문이 함축하는 또 다른 의미가 있다면 장로직 안에 흐르는 생명 넘치는 운동력이다. 즉 장로직은 지속해서 순환(rotation)되는 구조로 되어있다. 장로의 직무는 고정된 어떤 것이 아니라 로테이션되는 자리이다.

이 사실이 당신에게 충격적인 요소로 작용한다면 잠시 후 바울이 디모데에게 무엇을 말하고 있는지 그 의미를 알기까지 기다리라.

다소의 바울이 에베소의 장로들과 만났던 것이 고작 6년 전이었다는 사실을 기억하는가? 즉 밀레도에서 이 장로들과 만난 지(행:20) 6년이 지난 후, 바울은 에베소교회 안에 **새로운 장로**를 세울 것을 지시하는 중이다. 누구에게? 또 다른 교회개척자인 디모데에게! 바울은 이 편지를 읽거나 듣게 될 에베소교회의 신자들이 지금 자신이 디모데에게 말하는 바가 무엇인지 정확하게 알 수 있는 방식으로 이 편지를 쓰기 위해 고심하고 있다. 디모데가 받은 편지(디모데서)를 읽거나 듣게 될 에베소의 신자들은 이 편지로 인해 장로가 무엇인지, 누가 장로를 선정하는지, 새로운 장로를 두는 일이 어째서 선한 일인지를 선명하게, 아주 선명하게 알게 되었을 것이다.

에베소교회의 장로를 지명했던 이는 정확히 누구였는가? 바울 자신이었다. 그리고 이제 새 장로를 지명하려는 이는 정확히 누구인가? 디모데이다. (둘 다 지역교회 지도자가 아니다) 늙은 순회 교회개척자가 젊은 순회 교회개척자에게(디모데) 에베소교회의 새 장로들에게 손을 얹어 안수할 것을 말하고 있다.

한 번 더 강조한다. 교회개척자와 장로 사이엔 뗄 수 없는 관계가 성립한다.

이것에 대해 생각해보라. 당신들 중의 어떤 사람은 장로직의 결과로 빚어지는 비극적인 상황을 경험한 적이 있을 것이다. 그때 **새로운 장로**가 세워져야 한다는 지침이 그 교회에 있었더라면 어땠을까? 지역교회(혹은 모임)에 소속되지 않은 누군가 모임 속으로 들어와 새 장로들을 지명하거나 오래된 장로들을 퇴임시키거나 아니면 추가적으로 장로를 세울 수 있었더라면 어땠을까?

그보다 더 선한 것은, 문제의 당사자가 아닌 하나님의 일꾼이 지역교회(혹은 모임) 바깥에서 안으로 들어와 위기에 처한 교회(어떤 위기든)의 문제들을 풀어낼 수 있었다면 얼마나 아름다웠을까?

하나님께서 그런 날을 서둘러 우리에게 주시길!

장로들은 그 지역의 지도자가 아닌 누군가에 의해 지극히 정상적인 사람들 가운데서 선정되었다. 누구에 의해? 그 교회를 세운 사람에 의해. (또는 그 교회개척자가 자신을 대신하여 그 교회로 보낸 또 다른 교회개척자에 의해!)

지금까지 장로직에 대해 가르쳐왔던 모든 책과 메시지들은 문맥과 연대기를 벗어나 있었기 때문에 이 중요한 사실 중 어떤 것도 거론하지 않았다.

부러진 성경 구절들은 이제 그만 물러서기를!

바울에게서 소아시아 지역의 사역을 위임받은 사람은 디모데였다. 그리고 그는 분명히 그럴만한 자격을 갖추고 있었다. 에베소교회가 세워질 때 그는 그 현장에 있었다. 그는 에베소교회의 지도자가 아닌 평범한 **형제로** 3년 동안 그곳에 몸담았다. 에베소 인근에 수많은 교회가 세워질 때 그는 묵묵히 한 형제로서 자신의 역할을 해냈다. 그 이후로도 계속 그는 오랜 기간 소아시아 지방을 섬겨왔다. 바울 곁에 머물면서 디모데는 에베소교회에서 무엇을 해야 할지 가장 잘 아는 사람이 되어있었다. 그 모든 것에 더해 그는 풍부한 경험이 있었다.

디모데는 이제 하나님에 의해 부름 받은 교회 밖의 지도자가 되었다. 루스드라 교회는 디모데가 바울의 손에 훈련되도록 그들이 사랑하는 이 젊은이를 내주었다.

이제 장로들을 지도할 이 젊은이가 그의 지도를 받을 사람들보다 더 젊다는 사실을 주목하라. 바울이 그에게 "누구든지 네 연소함을 업신여기지 못하게 하라"고 디모데에게(그리고 그것을 읽는 장로들에게!) 말하고 있는 사실이 전혀 놀랍지 않다.

그리고 이제 디모데전서 5:5-22로 돌아가 우리를 기다리고 있는 또 다른 사실들을 살펴보자.

당신은 이 〈본문 전체〉가 **장로들**에 대한 언급임을 알고 있었는가?

대부분은 알아채지 못했을 것이다. 또 이 본문 전체가 장로들에 대한 본문임은 물론 더 정확히 말해 **에베소교회**의 장로들에 대한 말씀임은 알고 있었는가? 이 역시 대부분은 알아채지 못했을 것이다.

할 수 있으면 17절~22절의 말씀을 문맥을 따라 읽은 후 마지막 22절만 다시 한번 반복해 읽어보라.

강력한 장로직을 가르치기 위한 성경적 **증거**로 사도행전 20장이 사용되어왔다는 사실에 대해선 잘 알고 있을 것이다!

이제 그 본문을 다시 한번 읽어보라! 지금까지의 경직된 장로직을 견고히 지지해왔던 이 본문이 완전히 다른 그림이 되어 당신 앞에 펼쳐지는 것이 보이는가?

이제 본문 전체를 조망해보라.

우리가 첫 번째로 알게 되는 것은 장로의 직무가 따로 있는 것이 아니라 에클레시아 안의 다른 모든 형제자매가 하는 그 일을 장로들도 하고 있다는 사실이다. 한 가지 예외가 있다면 가르치거나 말씀을 전하는 일이 장로의 직무로 주어졌다는 것뿐이다. 그러나 말씀을 가르치고 전하는 일이 장로들의 '전유물'이었다면 교회는 장로들에게 사례를 지급했어야 할 것이다. 그것이 그들의 전적인 사역이었다면 당시 관례상 돈을 받았을 거라는 말이다. 수고하는 자는 그 삯을 받는 것이 마땅하다(딤 5:18)고 바울 자신이 인정하지 않았는가! 물론 그 사실을 인정하는 바울 자신은 결코 돈을 받지 않았다! 에클레시아를 섬기는 일꾼들을 교회가 재정적으로 지원하도록 독려하면서도 정작 본인은 교회의 돈과 관련하여 완전히 자유로웠다.

19절은 교회 안에서 장로들이 누군가에 의해 고소를 당할 때의 지침이다. 장로들에게 어떤 혐의가 제기될 때 두 사람 정도의 증인이 있어야 하고 그렇지 않으면 그 혐의를 받아들이지 말라는 권면이다.

(이것은 장로직으로 인해 교회가 겪게 될 어려움을 반증하는 말이다) 사실 이런 원칙들은 장로들뿐만 아니라 모든 주님의 일꾼들, 아니 에클레시아에 속한 모든 이들에게 적용되어야 한다. "이 사람이 돈을 횡령한 것 아닌가?" 또는 "이 사람이 교회 안에서 너무 독선적이지 않은가?"라는 문제를 제기할 수 있어야 하지만 적어도 두 사람 혹은 세 사람의 증언이 반영되어야 한다는 말이다.

이제 우리는 모든 구절 중에서 가장 다루기 힘든 곳에 다다랐다. 어떤 장로가 범죄 했을 경우 어떻게 해야 하나? 그에게 문제가 있음이 드러날 땐? (지금 누구를 말하고 있는가? 이 본문이 말하는 대상이 바울이 밀레도에서 만났던 바로 그 전설적이고 칭송받는 에베소교회 장로들임을 잊지 말라.)

바로 이 장로들에게서 어떤 혐의가 드러날 경우, 루스드라의 **디모데**가 이 골치 아픈 장로들을 에베소교회 전 성도 앞에 세워야 한다는 말이다! (5:19-20)

디모데가
  에베소교회의 장로들을
  에베소교회의
    모든 신자 앞에!!

다시 한번 정확히 보라. 어떤 장로가 명백한 잘못을 저지르거나, 어떤 장로에게 혐의가 제기되었는데 그 혐의가 사실로 드러나면 그는 모든 사람 앞에서 엄한 책망을 받게 되어있다. 누구에 의해? 지역교회 신도들에게? 그렇지 않다. 수석 장로에 의해? 아니다. 장로회의 의장에 의해? 아니다. 그렇다면 목사에 의해? 그건 더욱 아니다. (오늘날 우리가 목격하는 그런 목사의 존재를 1천 5백 년이나 앞당겨 그 시대에 세워놓지 말라.(그 목사는 종교개혁과 더불어 출현한 인물이다! 역주). 그렇다면 혐의가 드러난 장로를 전체 교회 앞에 세워 엄한 질책을 내릴 사람은 누구인가? 누가 장로들을 전체 신자들 앞에 세운단 말인가? **순회하는 교회개척자!** 바로 그다!

또다시 그가 등장할 수밖에 없다.

만약 장로라 불리는 사람들이 그리스도를 닮지 않았다는 이유로 전체 교회 앞에 끌려 나올 수 있다는 사실을 알았다면 장로의 역사에 얼마나 큰 변화가 있었을까?

그다음 21절에서 바울이 말하고 있는 이 대상이 누군지를 잘 들어보라. (5:21; 하나님과 그리스도 예수와 택하심을 받은 천사들 앞에서 내가 엄히 명하노니 너는 편견이 없이 이것들을 지켜 아무 일도 불공평하게 하지 말며….) 이 말은 "한 장로에겐 친절히 대하고 다른 장로에겐 함부로 대하거나 한 장로에겐 관대하고 다른 장로에게는 엄격하지 말라. 만약 장로 중 한 사람에게서 뚜렷한 잘못이 드러났을 경우 같은 잘못을 저질렀던 다른 장로에게 적용했던 기준과 다른 기준을 그에게 적용해선 안 된다. 한 장로에게 적용한 기준을 너(디모데)는 다른 장로에게도 동일하게 적용해야 한다…. (심지어 그 장로가 교회에 많은 헌금을 한 사람일지라도!)"…. 이런 의미의 지시인 것이다.

"디모데, 자넨 교회 안에서 편견을 가지고 일을 처리해선 안 되네.

"디모데, 무엇보다도, 예수 그리스도와 하늘의 천사들이 자네의 행동을 지켜보고 있네. 자네가 한 장로를 대하는 그 기준으로 다른 장로도 대해야 하네." 이것이 바로 이 무서운 본문이 말하는 핵심이다.

장로들은 주목하시기 바란다. 정말로 장로가 되고 싶은가? 더구나 1세기 방식으로? 지금까지 많은 사람이 "교회 안에서의 질서와 규율"에 관한 글을 써왔다. 그러나 '장로들을 규율하는 규율'에 대해선 눈감아왔다. 바울은 그렇지 않았다. 교회 안에서의 규율이나 징벌을 언급할 때 그것을 광범위하게 적용하였다. 누군가를 에클레시아 전체 앞으로 끌어내 책망하는 데까지 나아간 것은 단 두 가지 경우였다. 간음, 그리고 장로들!

다른 누구보다 감독(장로)들은 교회 안에서 더욱 **감독**받아야 한다. 감독(watcher)들은 반드시 감독 되어야 한다(be watched). 그리고 만약 어떤 장로가 해선 안 될 일을 했다면 순회하는 교회개척자가 에클레시아를 방문해 그를 전체 교회 앞에 세우고 "책망"하여야 한다. 공식적으로! **전체** 교회 앞에 세워서!

이 사항을 당신들이 만든 장로 수첩 안에 적어 넣으라.

우리가 이와 결부하여 좀 더 고민해야 할 문제가 남아있다. 만약 전체 교회 앞에 불려 나와 책망받은 장로가 있다면 그는 교회 안에서 계속 리더십을 유지해야 할까? 이전대로? 아니면 다른 사람으로 그의 직무를 대신하도록 조치해야 할까? 그가 장로의 직무를 계속한다면 전체 교회 앞에서 책망받은 이미지가 그를 따라다니지 않을까?

그럴 수 있다. 여기에 대해서 논의가 필요하지만 적어도 한 가지 사실만은 분명하다. 그가 무슨 잘못을 했던지 다시는 교회 안에서 같은 일을 반복하진 않을 거라는 사실이다!

이 본문이 우리에게 주는 교훈은 무엇인가? 첫째, 장로직이 순회하는 교회개척자와 불가분의 관계에 있다는 것이 그 하나이다. 두 번째는, 교회가 당신에게 위임한 직무가 무엇이든 그 직무에 신중히 처리하라는 것이다. 당신이 교회로부터 받은 그 직무보다 그 직무를 당신에게 위임한 하나님의 백성들이 훨씬 더 소중하기 때문이다. 세 번째 교훈은, 지금 장로라고 불리는 사람들의 99% 이상이 1세기 교회에선 전혀 알려지지 않았던 방법으로 그 자리를 얻었다는 사실이다. (이 무슨 말인가! 장로라 불리지만 실제로는 그가 장로가 아니라는 의미이다.)

지금은 비록 잊혔지만 1세기 교회들 안에선 필수적인 요소였던 순회하는 교회개척자를 확보하기까지 우리는 진정한 장로직을 얻지도 못할뿐더러 진정한 장로가 될 수도 없다.

우리가 디모데전서에서 배워왔던 몇 가지 중요한 교훈들을 정리하면 다음과 같다.

* 장로의 자격은 특별하지 않다. 어느 교회든, 전체 성도들의 85% 이상이 디모데전서에 명시된 장로의 자격을 충분히 만족시킬 수 있기 때문이다.
* 장로가 세워지기 전 교회는 오랜 시간 동안 자연적인 형제 관계 속에 놓여있어야 한다.

* 장로를 세우는 일은 "종종" 실시돼야 할 일이다. 최소한 장로직이 영원한 직무가 아님은 분명하다.
* 에클레시아 안에서 장로의 수를 더하거나 **빼는** 조치 역시 빈번한 일이었다. 아마도 그 직무가 순환되었던 것 같기도 하다. 누구라도 "한번 장로는 영원한 장로"라고 주장하지 못하게 하라.
* 다른 어떤 요인보다 장로직(감독)은 교회 안에서 갈등을 유발할 가능성을 가진 직임이다! 그 감독자를 누가 감독하는가? 기본적으로는 교회가 감독해야 한다. 하지만 순회하는 교회개척자도 감독할 수 있다.
* 새로 장로가 되려는 이의 머리 위에 누가 손을 얹을 수 있는가? 목사가 아니다. 다른 어떤 유형의 지도자도 아니다. 그의 머리에 손을 얹을 수 있는 이는 지역교회의 지도자가 아니다. 그것은 그 교회의 개척자이거나 아니면 그가 지명하여 보낸 사람이다. 한 가지 사실을 덧붙여야겠다. 비록 당신 주변의 모든 사람이 당신을 장로라 불러도 당신이 신약성경에서 말하는 장로일 가능성은 거의 없다. 당신이 1세기 교회의 장로일 가능성은 전무 하거나 희박하다.

이쯤 되면 장로 되기를 포기하고 **스스로** 교회개척자가 되고 싶어 좀이 쑤시는 사람들이 있을 것이다. 그는 디모데가 어떤 과정을 거쳐 그 자리에 이르렀는지 살펴보기 위해 디모데의 삶을 추적해보고 있을지도 모른다. 그 사람들에게 한마디 하지 않을 수 없다.

사랑하는 독자들이여. 장로직의 직무가 그 사람의 전반적인 삶이 요구되는 직책이라면 교회개척자가 되기 위해 치러야 할 대가는 그것과 비교할 수도 없는 무게이다.

나의 독자들 모두에게, 특별히 하나님의 사역자가 될 사람들에게 나의 책, 『기독교가 상실한 유산들』23)을 읽어보길 강권한다. 이 책의 내용 대부분이 순회하는 교회개척자들에 필요한 준비와 훈련을 다루고 있다.24)

만약 **자신을 순회하는 교회개척자**라고 부르는 사람을 당신이 우연히 만난다면, 그리고 그가 최소한 디모데 만큼의 자격을 갖추고 있지 않은 사람이라면 우선은 그를 경계하라. 아니, 더 좋은 방법은 최대한 서둘러 그 사람에게서 달아나라! 25)

이제 우리는 디도서에 다다르고 있다. 이런! 상황은 점점 더 심각해지고 있다.

---

23) 『기독교가 상실한 유산들』*Overlooked Christianity* 대장간 역간. 2020.
24) 나는 조만간 『가장 필요하지만, 누구도 원치 않는 그 사람』(*The man Most Needed, but the Man Nobody Wants*)이란 제목의 책도 출간할 예정이다. 그 책에서 교회개척자의 직무, 즉 순회하는 교회개척자를 필요로 하는 현대기독교의 절박한 사정을 다룰 생각이다.
25) 디모데가 가진 자격조건에 대해 더 상세히 알기 원한다면 『기독교가 상실한 유산들』을 꼭 읽기 바란다. 거기에 교회개척자가 되려는 젊은이들이 겪어야 할 훈련과정이 설명되어 있다.

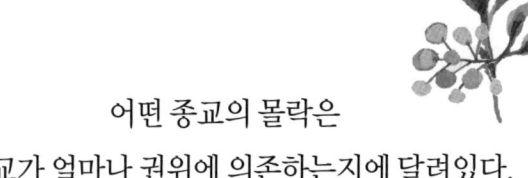

어떤 종교의 몰락은
그 종교가 얼마나 권위에 의존하는지에 달려있다.

-랠프 월도 에머슨-

17

디도에게 보낸 편지

여기 디모데보다도 더 훌륭한 교회개척자의 자격을 갖춘 젊은이가 있다. (이 책 15장을 다시 읽어보라.)

디도서가 기록된 배경을 보자. 디도가 이 편지를 바울로부터 받았을 때 그는 크레타섬에 있었다.

제일 먼저 떠오르는 질문은 이것이다. "바울이 크레타섬에 교회를 세운 적이 있었는가?" 만약 그렇다면 그때 디도도 바울 곁에 있었을 것이다. 그러나 바울이 크레타섬에 교회를 세운 적이 없다면 그 섬에 교회를 세운 사람은 디도일 것이다. 크레타섬 말고도 바울 라인의 사람들에 의해 세워진 교회는 무수히 많았다. 이 말은 그 모든 바울 라인의 교회들이 개척된 지 얼마 지나지 않아 홀로 남겨져 성장했음을 의미한다. 물론 그 교회들이 홀로 남겨졌을 때 그곳엔 장로들이 없었다. 혹 장로가 있었더라도 그들이 세워진 것은 에클레시아가 홀로 남겨져 스스로 생존하는 방식을 터득한 **이후**였다. 이 서신을 주의 깊게 읽어보면 이와 같은 사실을 충분히 확인하게 될 것이다. 장로직에 대한 문제가 발생하기 전에 디도가 일으켜 세운 교회들은 이미 충분한 시간을 확보한 상태였다.

이제 거기 크레타섬에 장로를 선정하고 임명할 사람은 누구인가?

우리는 한 번 더 필연적인 사실과 마주하게 된다. 순회하는 교회 개척자 디도! 그는 바울이 교회를 일으켜 세웠던 대륙(시리아, 갈라디아, 소아시아 서부, 그리스, 이탈리아… 그리고 크레타)들 중 세 대륙의 교회에서 일했던 시리아 안디옥교회 출신의 젊은이였다. 이 디도라는 젊은이가 지금 크레타섬에 있다. 이제 그는 이 섬의 에클레시아들을 방문하여 장로들을 세울 것이다. 이 교회들엔 아직 장로가 없었다. 바울은 디도에게 장로의 자격조건을 말해주며 크레타섬의 모든 교회에 장로를 임명하라고 요청한다.

이보다 더 선명할 순 없다.

당시 바울을 제외하곤, 장로의 자격조건에 대해 지구상에서 가장 잘 알고 있을 사람이 디도였다고 확신해도 좋다. 무엇보다도 그는 열두 사도를 만났다. 지구상 첫 교회의 처음 장로들(예루살렘교회의 장로들)과 직접 대면하기도 했다.

그렇다면 바울은 왜 새삼스레 디도에게 장로의 자격을 거론하고 있는 것일까? 디도의 유익보다는 이 편지를 읽게 될 크레타섬의 신자들을 위해 바울은 지금 이 편지를 쓰고 있는 것이다. 이 말은 크레타섬의 신자들이 지금까지 장로들을 결코 본 적이 없었음을 의미한다. 그래서 장로를 택하는 일과 관련하여 크레타섬의 신자들은 디도를 신뢰하고 있었을 것이다. 그들은 바울의 지침과 기준과 영성을 디도가 소유하고 있음을 아무도 의심하지 않았다. 그들은 지금 디도가 이 섬에 와 있는 이유가 바울이 그를 보냈기 때문임도 잘 알고 있었다.

만약 크레타섬의 형제 중에 자신이 장로가 되길 소망하는 사람이 있었을지라도 디도가 그를 장로직에 임명하지 않으면 그만한 이유가 있을 것이라고 모든 신자는 신뢰했을 것이다.

이 과정에서 혹 발생할지도 모를 여러 문제와 가능성을 예상해보며 바울은 그것을 차단하려고 지금 노력하고 있다.

장로직을 고민하면서 내건 여러 자격조건을 보라. 술 취하지 말라. 다투면 안 된다. 돈 문제에 연루되거나 과도한 집착을 보이면 안 된다. 남을 잘 대접하는 사람이어야 한다. 쉽게 성내지 말아야 한다. **자신의 의견을 누군가에게 주장하는 자세를 가져선 안 된다.** 친절한 사람, 선한 것을 좋아하는 사람, 합리적인 사람, 공정하고 자기 절제력이 있는 사람이어야 한다.

내가 아는 크리스천 중의 절반 이상이 이 정도의 자격은 갖추고 있다.

하지만 이제, 마지막 조항을 보자. "반대의견을 가진 사람들에게 대답할 것이 준비된 사람[26]이어야 한다."라는 말에서 걸려 넘어진다.

만약 교회 생활을 경험해본 적이 없는 사람은 이 마지막 조항이 의미하는 바를 충분히 이해하지 못할 것이다.

---

[26] 디도서 1:9 ; 개역개정-"거슬러 말하는 자들을 책망하게 하려 함이라"

아름다운 경험을 공유하며 하나님과도 깊은 관계를 맺은 한 교회가 있다고 가정해보자. 모든 신자가 깊은 동질감을 가지고 있다. 그런데 어느 날 전혀 다른 경험을 가진 사람이 이 교회에 들어온다. 새로운 형제 한 사람이 교회에 들어온다는 말은 완전히 이질적인 경험과 색다른 의견이 교회에 들어오는 것이라고 믿어도 좋다. 다시 말해 새로 전입해온 그 사람은 '진정한 교회'란 무엇인지에 대해 '완전히 다른 입장'을 가지고 있다는 말이다. 그때 그 교회가, 그리고 그 교회의 장로가 부딪치게 될 접점엔 이런 논쟁(반대의견, 혹은 거슬러 말하는 것)들이 있을 수 있다.

* 교회란 곳이 결국 사람 관계 아녜요, 그렇지 않나요?
* 왜 모임에서 직접 주님의 음성을 들으려 하지 않죠?
* 우리 교회의 목적은 뭔가요?
* 우리에게 순회 교회개척자가 정말 필요해요? 없으면 어때요?
* 나는 하나님께서 우리를 창조하신 가장 큰 목적이 관계성이라 생각해요.
* 우리는 누구나 사랑 안에서 진리를 말할 수 있어야 한다고 봐요.
* 꼭 찬양과 기도를 해야 하나요?
* 교회는 소그룹이 중요해요. 그 소그룹 안에서 서로의 단점을 지적해주고 짐을 나누고 기도해야 한다고 생각해요. 그것이 교회의 역할 아닌가요?
* 교회는 상담이 핵심이에요. 우리가 정작 필요한 것은 깊은 영

성을 가진 기독교 상담사에요.
* 우리는 서로를 책망하고 훈계해야 해요…. 물론 사랑 안에서요.
* 교회란 결국 친목이에요, 먼저 친목에 시간을 많이 배정했으면 좋겠어요.
* 아내와 저는 성령께서 직접 말씀하시는 모임에만 참석할 것입니다.
* 왜 우리가 돈을 내야 하죠? 그건 제도권 교회에서나 강요하는 일 아닌가요?

이런 종류의 반대의견(거슬러 말하는 것)이 **실제 교회 생활**에서 언제나 일어나는 것들이다. 이런 주장들은 그 말을 하는 사람의 내면을 드러내기도 한다.

그런데 동전의 양면이 있다. 이런 주장을 하는 사람 중 상당수가 이 본문에서 말하는 "반대의견을 가진 사람들"이고 "장로들의 대답이 필요한 질문"들이란 사실이다! 이 본문[27]은 그동안 (기독교역사 속에서) 이단자들을 통제하고 찾아내고 그들을 불태우며 파문해왔던 사람들, 대체로 종교적인 지도자가 되고 싶었던 이들에 의해 인용되고 사랑받아왔던 말씀이다.

위에 나열한 무모하고 경솔한 의견들에 합리적인 대답을 해줄 형

---

27) 디도서 1:9, 특히 "… 장로들로 하여금… 거스려 말하는 자들을 책망하게 하려 함이라." 역주.

제들이 교회에 존재한다는 것은 매우 긍정적인 일이다.

그러나 여기서 이단에 관한 얘기를 한마디 하고 넘어가는 걸 양해해주기 바란다.

나는 오랫동안 목회자로 살아왔다. 그런데 교회의 문을 열고 성큼성큼 걸어 들어오는 이단자를 본 적이 없다. 아니, 나는 지금까지 이단자를 만난 경험이 없다. 적어도 에클레시아 안에 들어와 '교제'하는 사람 중에선 이단자가 발생하지 않는다. 성경이 하나님의 말씀임을 믿지 않는 사람을 적어도 에클레시아 안에선 만나보지 못했다. 에클레시아 안에 이단자라 규정할만한 사람은 없다. 그런데도 '에클레시아 안에서' 자신들의 의견에 동의하지 않는다는 이유로 누군가를 파면하고 싶어 하는 사람을 나는 수없이 만나봤다. **이 사람들이 있는** 곳에는 항상 많은 수의 이단자가 존재한다. 고압적이고 장악하려 하고 다스리기 좋아하는 **지도자들은 어디에서나** 이단자를 찾아내는 특별한 재주를 가지고 있다.

아마도 실제 교회 생활에서 우리가 만나는 장로들의 모습은 점잖고 겸손한 모습으로 다가와, "우리 교회(모임)는 이러저러한 일을 하고 있습니다. 물론 다 같이 한 마음으로 이 일을 해나가지요." 라고 말하고선 위압적이지 않은 태도로 솔선수범하는 사람일 것이다. 하지만 그가 이 말을 하는 순간에도 교회 안의 다른 사람들은 가만히 서 있고 여전히 그 장로만 두드러져 보인다. 이 장로가 자신의 추종자를 만들어가는 부분에 대해 누군가 의문을 제기해도 그는 여전히 그 태도를 고수할 것이다.

장로의 자격조건이란 무엇인가? 앞에서 다룬 목록들을 다시 한번 읽어보라. 보다시피 이 목록 중에 누군가를 통제하거나 지배하는 것과 관련된 조항은 발견되지 않는다.

이제 다시 크레타섬으로 돌아가 디도를 만나보자.

지금 크레타에서 느껴지는 분위기가 여기 이 섬만의 그것이 아니라 로마 제국 전체의 상황임을 기억하라. 어떤 긴장감이 감돈다.

이 사실 하나만 덧붙여야겠다. 당시 서구세계의 1% 미만이 글을 읽을 수 있었다. 쓸 줄 아는 사람은 더욱 드물었다. 로마 제국의 98%가 오늘날 어떤 가난한 종족들보다도 상황이 더 열악하였다. 병자들은 어디에나 넘쳐났고 여인들의 평균수명은 약 30~32년이었다. 남자들의 평균수명도 40살을 크게 웃돌지 않았다.

핵심이 뭔가?

사람들의 모임에서 자신의 주장을 명확하게 펼친다거나 어떤 주제를 가지고 2분 이상 말씀을 전한다는 것이 당시 사람들에겐 쉽게 상상할 수 없는 일이었다. 이런 배경들을 염두에 둔다면 오늘 우리가 **목회 사역**이라 부르는 것에 대해 이 본문이 말하는 바가 무엇인지 훨씬 사실에 가깝게 이해할 수 있을 것이다. 1세기의 **어느 교회**에서 오늘날 우리가 "설교"라 지칭하는 것을 할 만한 사람이 있었을까? 거의 없다고 보아도 좋다.

디도서에서 우리의 관심을 끄는 또 다른 본문은 3장 12절이다. 이 본문은 장로직이 어떻게 순회 교회개척자의 직무와 결부되어 있는지를 다시 한번 보여준다. 장로뿐만 아니라 에클레시아 자체가 외부

사역자와 긴밀한 관계가 있었다. 이 본문은 오늘날의 교회들이 보기에 전혀 낯선 세계를 활짝 펼쳐놓는다.

바울은 크레타섬의 각 교회에 장로들을 세우라고 디도에게 부탁한 후, "떠나게! 크레타섬을 떠나 소아시아로 돌아오게."라고 말한다. 특별히 에베소에서 그리 멀지 않은 니고볼리(Nicopolis)로 올 것을 부탁한다. 그 말은 크레타섬의 교회들이 한 사람의 교회개척자(디도)를 계속 붙들고 있을 수 없음을 의미한다.

그렇다면?

바울은 디도에게 말한다. "크레타를 떠나 내게로 오게, 디도." 그리고 덧붙이기를, "내가 자네 대신 다른 형제를 그리로 보내겠네!"

디도를 대신해서 크레타로 갈 사람은 누구인가? 크레타의 교회들을 격려하며 그 섬을 여행할 다음 교회개척자는 누구일까? 바울은 확정하지 못하고 있었다. 바울에게 훈련받은 두기고나 아데마(Artemas)중 한 사람이 될 것이다. (우리는 아데마가 누구인지 모른다. 하지만 두기고가 누군지는 정확히 알고 있다.)

두기고

두기고가 살아온 삶에 대해 알고 싶은가? 두기고를 알게 되면 디도를 대신하게 될 그가 얼마나 잘 준비된 사람인지를 당신은 이해할 수 있을 것이다. 두기고가 크레타로 보냄 받기까지 어떤 경험을 했는지 알아보자.

바울이 에베소에서 훈련한 여덟 명의 젊은 교회개척자 중에 두기고가 들어있음을 주목하라. 그렇다면 아데마는 누구인가? 그는 신진 사역자그룹, 아마 제 5세대 교회개척자 중의 한 사람으로 보인다. (『기독교가 상실한 유산들』을 보라) 순회하는 교회개척자 디도를 크레타로 보낸 사람은 역시 순회 교회개척자인 바울이었다. 이제 순회 교회개척자인 디도에게 크레타섬을 떠나 자신에게로 돌아오라고 말하는 사람도 역시 순회 교회개척자인 바울이다. 그리고 아데마 혹은 두기고를 디도의 자리로 보내는 사람도 순회 교회개척자인 바울이다.

핵심은 여기에 있다.

이 사람들은 한 장소에 머무르지 않는다.

그러나 오늘날의 교회는 이 사람들의 직무에 해당하는 어떤 사역자도 두고 있지 않다!

그들은 계속 이동한다. 이것은 비현실적인 일이 아니다. 바울은 로마 제국 전역에 형제들을 보내기도 하고 그들에게 그곳을 떠나 다른 지역으로 가줄 것을 요청하기도 한다. 이 사람들의 직무는 (1) 교회를 일으켜 세우고 (2) 교회를 바로잡는 것이었다. 이것이야말로 1세기 교회들의 핵심이었고 오늘 우리가 상실한 치명적인 요소이다.

이 모든 일이 전개되는 과정에서 1세기 교회 신자들에게 익숙한 장로직이란 오직 이 순회하는 사역자들과의 연계 선상에서만 존재하던 직분이었다. 교회 역시 같은 연장선에 있었다고 말할 수밖에 없다. 1세기 교회들은 그 교회를 '떠나' 존재하는 일꾼들과 필연적으로 연결되어 있었다.

사랑하는 독자들이여! 당신의 교회 안에서 가장 영향력 있는 리더십(그 이름을 뭐라고 부르든)이 **지역교회**에 기반을 두고 있다면 당신은 신약성경이 계시하는 장로를 결코 가질 수 없다. 지역교회에 가장 크게 영향력을 미치는 그 사람이 그 지역교회를 떠나지 않는다면, 그리고 홀로 남겨진 교회가 한 '몸'으로써 리더십을 발휘하지 못한다면, 만약 가장 영향력 있는 리더십이 지역교회 '안'에 머물고 있다면…. 그렇다면 그 교회는 머잖아 재앙을 예비해둔 것이나 다름없다.

지역교회에 리더십의 뿌리를 둔 형제들이여! 당신들은 결코 당신이 속한 교회가 현재 씨름하는 그 문제들을 풀어낼 수 없을 것이다. 또한, 교회가 앞으로 맞이할 문제들 역시 풀어낼 수 없게 될 것이다. 이유는 간단하다. 리더십인 당신이 곧 그 지역교회이기 때문이다. 당신이 곧 그 지역교회란 말은 당신이 문제의 일부임을 의미한다. 당신 자신이 지역교회에 몸담고 있으면서 그 지역교회의 문제를 다루기 위해 취하게 될 방법이란 어쩔 수 없이 현명치 않은 방법일 수밖에 없다. 혹 현명한 방법일지라도 신자들은 받아들이기 어려울 것이다.

당신에겐 문제를 풀어갈 임시적인 수단만 있을 뿐, '장기적인 수단'이 존재할 수 없다. 교회가 위기에 직면했을 때 그 교회와 밀접한 관계를 맺은 외부사역자만이 당신의 희망이다.

그렇다. 한 가지 선택이 있긴 하다. 그 문제와 관련하여 당신의 역할을 거부하는 것이다. 하지만 명심하라. 그렇게 되면 그 교회는 둘로 찢길 수도, 나뉠 수도, 분열될 수도, 아예 무너질 수도, 아니면 조금씩 소멸하다가 더 고통스러운 죽음을 맞이할 수도 있다. 이러한 일들이 당신이 어떤 조치를 취했을 경우 실제 발생하는 일들이다! 그렇지 않은가?

모두가 지역교회에 속해있을 때 교회가 맞이한 위기를 풀어낼 좋은 방법이란 존재하지 않는다. (즉 누군가는 교회를 벗어나 있어야 한다.) 1세기 교회의 교회 생활은 절대 그렇게 영위되지 않았다.

지속 가능한 교회의 온전함과 건강함은 필연적으로 지역을 벗어난, 다시 말하면 지역교회의 기득권에 흥미가 없는 교회개척자에 달려있다. 주님의 교회에 깊은 관심이 있는가? 좋다. 교회에 대한 열정? 좋다. 놀라운 인내심? 훌륭하다. 모든 것에 해박한 이해심? 좋다. 교회를 향한 거룩한 부담감? 좋다. 인정한다. 그러나 자신의 목표를 지역교회의 지도자가 되는 것에 둔 사람은 안 된다.

우린 이제 디도서를 덮게 된다. 이렇게 하여 바울이 기록한 서신들 중에 장로들과 연관된 모든 탐색은 여기서 끝났다. 그러나 그 전에, 교회개척자, 지역을 벗어난 교회개척자를 두고 있지 못한 현대 기독교의 운명에 대해 조금만 더 들여다보자.

선전·선동으로 거둔 승리는
일시적이다.
그러나 그 폐해는 영원히 지속된다.

-페기(Charles Peguy)-

18
지금 우리가 치르는 대가는!

교회개척자를 상실한 대가는 혹독하다. 우리는 지금 그 대가를 치르고 있다. 우리가 생각하는 것보다 훨씬 더 많이.

우리가 성경에서 보듯 교회개척자는 신약성경의 한 축을 이루고 있다. 하지만 오늘 우리는 그 존재를 무시하고 있다. 그 결과 우리가 맞이한 것이 바로 오늘날의 신앙체계이다. 교회개척자를 부정한 채 이뤄지는 우리의 모든 수고는 그것이 무엇이든 **비성경적**일 수밖에 없다. 다른 어떤 결과를 기대할 수 없다. 우리의 선택은 우리가 하나님의 말씀 앞에 정직히 설 수 없도록 만들었다.

예를 들어보자. 교회개척자를 두고 있지 않기 때문에 우리는 그 자리를 메우기 위해 담임목사를 둔다. 그것이 얼마나 어처구니없는 짓인지 자세히 검토해보라! 첫째, 목사는 지역교회에 뿌리를 둔다. 둘째, 오늘날 우리가 교회에서 보는 그런 목사의 직무는 신약성경에 존재하지 않는다.28) 그는 절대로 1세기 교회의 인물이 아니다. 교회 역사의 한 지점에서 불쑥 튀어나온 도깨비 같은 존재다. 당신은 신약성경 중 단 한 구절에서만 그의 이름을 발견할 수 있을 것이다. 그러나 1세기 교회 전체를 아우르는 "이야기" 속에선 절대 그를 발견할 수 없다.

이 한 가지 사실만으로도 오늘 우리들의 교회가 1세기 교회의 본질로부터 얼마나 벗어나 있는지를 확인하기에 충분하다.

신약성경에서, 장로들은 교회개척자와 불가분의 관계에 있었다. 그러나 우리에겐 교회개척자가 없다. 그래서 우리는 또 그 자리를 채우기 위해 성직을 나누어 갖는 장로들을 만들어낼 수밖에 없었다. 교회개척자를 인정하지 않는 상태에서 시도하는 변화는 그것이 무엇이든 결국, 에클레시아의 **기능**을 죽이는 역할을 한다. 우리가 인위적인 성직을 보존하려 애쓸수록 하나님의 백성들은 그만큼 침묵을 강요당할 수밖에 없다. 그냥 자리에 앉아 듣기만 하라는 요구 속에서 한 몸으로써의 기능을 경험하지 못하는 것이다.

사도행전에 소개되는 대부분 역사는 교회개척자들의 활동이다. 오늘날 교회개척자를 두고 있지 못한 우리는 사도행전의 절반을 포기해야 한다. 그것이 다가 아니다. 교회개척자가 빠진 그 거대한 상

---

28) 예를 들면, 신자들과 전혀 다른 복장을 한 채 혼자 설교하고, 죽은 시신을 앞에 두고도 혼자 설교하고, 결혼식을 혼자 주도하며, 교회 확장의 책임을 홀로 짊어지고, 교회의 재정에 강력한 영향력을 미치며, 성경을 들고 혼자 병원과 가정을 심방하고, 교회 직원을 채용하기도 하고 해고하기도 하며, 모든 모임에 중심을 차지하고, 지역교회 '안에서' 지역교회에 강한 '영향력'을 행사하는 그런 목사의 모습…! 역주.

실의 자리에 그들을 대신할 두 종류의 인물을 발명해냈다. 그중 한 사람이 목사라는 타이틀을 가지고 지금 우리 앞에 서 있다. (목사들은 결코 초대교회의 '이야기' 속 인물이 아니다.)

우리는 하나님과 교회로부터 보냄 받은 사람들을 선교사라고 부른다! 그래서 바울의 교회 개척 여정을 말할 때도 "바울의 1차 선교여행, 2차 선교여행, 3차 선교여행"이라고 말해왔다. 그러나 바울은 선교사가 아니었다. 그는 한 지역과 나라와 전 세계에 에클레시아가 어떻게 세워져야 하는지 그 모범을 보여준 모델이다. 그는 교회개척자이다. 그러나 우리는 바울을 "해외선교사"로 둔갑시켜버렸다. 그런 후에, 마치 우리가 지역교회에서 하는 일과 바울처럼 "해외"에서 하는 일은 서로 달라야 하는 것처럼 위장한다. 이런 방식으로 우리는 1세기 교회가 소유했던 그 "이야기"의 10분의 9를 건너뛰어 버리는 것이다.

지난 1700년 동안 기독교는 1세기의 모범을 따르지 않고 그때그때의 역사적 상황에 따라 흘러왔다. 그 결과 우리는 지금 우리가 목격하는 바대로 기형적인 기독교와 마주하고 있다. 오늘 우리가 서 있는 자리는 "처음교회"가 맞이했던 그 현장과는 전혀 다른 복음의 현장이 되어버렸다.

교회가 발명해낸 이 기발한 기능들을 유지하기 위해 우리는 첨탑의 건물, 목사, 설교강단, 장의자, 위원회에 의해 선출된 장로들을 소유하고 있다. (여타의 선교단체나 기독교단체들 같은 경우, 장로(혹은 간사)들은 그 모임의 리더에 의해 선출된다. 물론 그렇게 선출되는 장로들은 그 리더의 의견에 전폭적으로 동의하는 사람들일 것이다!)

우리는 신약성경을 가지고 있지만, 원래의 신약성경과는 다른 우리만의 독특한 신약성경을 따르고 있다. 한 발은 원래의 신약성경에, 다른 쪽 발은 우리가 만든 신약성경에 걸친 채 우리는 여전히… 우리가 필요로 하는 부분을 신약성경에서 찾아내고 있다. 그 결과 우리는 신약성경의 "이야기"를 빙자한 동화와 같은 나라에서 살고 있다. 그런데도 우리 내면 깊은 곳에선 "하나님의 말씀 앞에 순종하자! 100%의 순전함으로 그 앞에 서자!"는 양심의 울부짖음이 들린다.

사랑하는 독자들이여. 우리는 실로 신약성경을 닮은 동화나라에서 살고 있다.

우리가 다른 어떤 일을 시도하려 애쓰기 전에 "구절"이 아닌 1세기 교회의 전체 "**이야기**"를 발견하여 배운다면 그것이 우리에게 큰 도움이 될 것이다.[29]

하나님께서 우리를 그 이야기로 초청하시기를!

하나님, 우리에게 교회개척자를 주소서. 그리고 바울과 그의 동료들이 개척했던 그 에클레시아의 교회 생활을 경험케 하소서.

---

[29] 이 1세기 교회의 전체 "이야기"를 집중적으로 다룬 저자의 책은 『이야기 갈라디아서』, 『디도의 일기』, 『디모데 일기』, 『이야기 로마서』(생명의 말씀사), 『가이우스의 일기』("미션월드 라이브러리), 『혁신적인 성경공부』, 『기독교가 상실한 유산들』, 『신약성경과 급진적 삶』(대장간) 등 이다. 역주.

우리가 알게 된 새로운 사실들

이제 바울의 편지와 작별하고 그 이후 기록된 다른 신약성경의 문서들을 만나볼 차례가 되었다. 지금까지 우리가 발견해온 사실들엔 어떤 것들이 있으며 그 의미는 무엇인지 정리해보자.

첫째, 우리가 발견한 새로운 사실들이 장로직에 대한 오늘날의 권위적인 가르침과 영향력을 누그러뜨릴 수 있기를 기도하자. 무엇보다 우리가 발견한 신약성경 속의 "이야기"가 여기저기서 뽑아낸 구절들 위에 자신들의 주장을 덧입혀 "신약 성경적 가르침"이라고 말해왔던 이들의 주장을 밀어내고, 그동안 숨겨졌던 신약성경 속의 실제 그림을 우리 앞에 펼쳐놓을 수 있기를 기대하자.

존 다비(John Darby)가 만들어 복음주의 기독교에 물려준 가르침들이 절대 바르지 않다는 사실을 여러분들은 발견했을 것이다. 다비의 아들들과 손자들, 그의 사촌들은 우리가 진정한 교회 생활을 발견하는데 결코 도움을 주지 못했다. 그들에 의해 장로직은 너무 비대해지고 강력해졌다.

교회 생활에 대해 덧붙여 말하자면, 우리가 말하는 교회 생활은 당신이 속한 성경공부 그룹 같은 모임을 말하는 것이 아니다. 진실한 의미의 교회 생활을 경험한 이들은 기독교 역사상 흔하지 않다. '교회'라 불리는 그것이 교회가 '아닐' 가능성과 '장로'라 불리는 그들이 장로가 '아닐' 가능성은 다분하다. 적어도 1세기 버전으로 볼 때는 확실히 그러하다.

이제 신약성경이 장로직에 대해 우리에게 말하는 바가 무엇인지 그 남은 문서들을 통해 살펴볼 지점에 이르렀다. 우리는 계속 연대기적인 방법을 따를 것이고 '이야기'가 들려주는 전체 맥락 속에서 이 본문들을 살펴볼 것이다.

우리가 배워왔던 신약성경, 신학,
그리고 성경적인 교훈들은
실제 성경 "에서" 나온 것이라기보다는
성경을 "이용"한 것들이 많았다.

19

베드로 전·후서와 히브리서

히브리서를 먼저 읽어야 할까, 아니면 베드로전서를 먼저 읽어야 할까? 흥미롭게도 히브리서보다 베드로전서가 앞서 기록되었다.

그러므로 먼저 베드로전서부터 시작해보자. 이 편지에서 장로들을 언급한 본문을 인용하기 전에 베드로전서와 히브리서가 기록된 배경을 아는 것이 지혜로운 순서일 것이다.

바울의 마지막 편지(디모데후서)와 베드로의 서신 사이엔 놀랍도록 유사한 분위기가 발견되는데 바로 로마 전체 그리스도인들 사이에 감돌고 있던 긴장감이다. 하나님의 백성들을 둘러싼 죽음의 공포와 임박한 재앙의 전운이 감지된다.

베드로가 써 내려간 첫 편지(물론 베드로가 직접 펜을 잡았다기보다는 베드로가 구술하고 다른 사람이 받아 적었을 것이다. 그 '다른 사람'은 아마 마가일 가능성이 크다. (벧전 5:13). 역주)는 대략 A.D. 65년경에 기록되었을 것이다. 그리고 바울이 디모데에게 보낸 두 번째 편지(디모데후서)는 대략 A.D. 67년경에 기록된 것으로 보인다. 이는 실로 격정의 시기였다. 두 사람 모두 살날을 그리 많이 남겨두고 있지 않았다.

우리가 히브리서의 배경을 파악하는 것은 쉽지 않다. 기록된 시기는 예루살렘의 멸망과 파괴를 눈앞에 둔 69년경이 아닌가 싶다.

제국의 모든 교회를 집어삼킬 만한 거대한 핍박이 다가오고 있었다는 정도만 말하고 여기에선 넘어가는 것이 좋겠다. 시련의 날들이 준비되고 있었다. 결국, 그 공포는 현실이 되었다.

예루살렘뿐만 아니라 이스라엘 전역이 요동치고 있었다. 이스라엘 어디에서나 로마에 대한 반란을 조장하는 소문을 들을 수 있었고 유대인들 사이엔 다음과 같은 선동이 퍼지고 있었다.

> "로마에 대항해 우리가 봉기를 일으키기만 하면 메시아가 오실 것이다. 그분은 로마 제국의 압제에서 우리를 해방시키고 로마 제국을 쓸어버릴 것이다. 그분은 우리가 일어서기만을 기다리고 있다."

만약 로마군이 대대적으로 습격해 올 경우, 그리스도인 신자들은 무조건 **달아나야 한다**는 사실을 베드로는 알고 있었다. 이에 대한 예수님의 가르침은 너무나 분명했다.[30] 문제는 '이 유대인 신자들이 어디로 달아날 것인가'였다. 고심하던 베드로가 회심의 미소를 지었

---

[30] 마가복음 13:14. 역주.

을 수도 있고 당황했을 수도 있다. 하지만 그가 한 가지 답을 가지고 있었다는 사실만큼은 분명하다.

예루살렘, 유대, 갈릴리에 있는 유대인 신자들은 **이방인교회가** 포진한 북쪽 도시들로 달아날 수밖에 없었다. 결국, 탈출하는 유대인들이 마지막에 당도할 곳은 바울이 심어놓은 이방인교회였다.

얼마나 기막힌 역설인가!

즉 바울과 바울이 훈련한 여덟 명의 젊은이들은 유대인들이 달아나면 그들의 피신처가 될 교회를 이미 세워놓은 셈이었다. 결국, 북쪽으로 피신하는 유대인들은 그 말 많은 바울이 개척한 에클레시아의 일원이 될 것이었다. 혹 그들이 로마까지 도망한다해도 바울의 제자들에 의해 세워진 로마교회가, 그들이 크레타섬으로 피신하더라도 디도에 의해 세워진 이방인교회가 그들을 기다리고 있었다!

예루살렘이 멸망하고 파괴된 후에 대부분의 유대인 신자들은 실제로 북쪽으로 달아나 바울과 그의 동료들에 의해 세워진 이방인교회의 일원이 되었다.

믿을 수 없는 사실 아닌가! 괄시받던 그 사람, 바울이 옳았다!

히브리서의 저자는 바로 이런 배경을 두고 이 편지를 기록했다. 그는 다가올 상황을 예견하며 에클레시아가 직면할 여러 문제를 내다보고 있었다. 어쩌면 로마군대가 예루살렘을 짓밟기 위해 이미 바다를 건너 행군해 들어오고 있었을지도 모른다. 아니면 그들의 군홧발이 벌써 예루살렘 땅을 딛고 있었을 때 이 서신이 기록되었을 가능성도 있다.

베드로서가 기록된 배경도 마찬가지다. 유대인들의 반란을 감지한 로마군이 예루살렘으로 진격해 들어오는 상황에서, 이제 막 예루살렘을 떠나 이방인 에클레시아로 탈출하는 유대인 신자들에게 베드로가 서둘러 이 편지(베드로서)를 보냈음을 기억하라. 그가 유대인 **장로**들을 언급한 본문들도 그 맥락에서 읽혀야 한다. 베드로는 이미 장로제도에 익숙했던 유대인 신자들과 유대인교회의 연장자들(elder)에게 지금 이 말을 하는 것이다.

(나도 장로요, 그리고 당신들도 장로들이요. 장로인 당신들에게 나 베드로가 간청하오.)

그 후 계속되는 베드로의 간절한 부탁은 하나님의 백성들 위에 **군림하지 말라**는 것이다. 이방인교회에 들어갈 때 장로들이 신자들의 모범이 되어달라는 부탁을 하는 것이다. 그 부탁은 "지배자가 되지 말라"는 것이 요지다. 인내와 자비를 가지고 오래 참음의 모범이 되어달라는 것이다.

이 부탁을 하면서 베드로의 시선이 향하는 곳은 어디일까? 유대인 장로들? 이방인 장로들? 혹 둘 다?

장로들에게 이 부탁을 하면서 베드로가 모범으로 제시하는 인물은 바로 예수 그리스도다. 그의 시선은 예수 그리스도에게 머물고 있다. 그는 장로들에게 위대한 목자이신 예수를 생각하라고 말한다. 베드로의 간곡한 부탁을 받는 이들이 여전히 장로라는 타이틀을 가진 사람들임을 잊지 말라.

주님께서 다시 오실 때 나는 주님과 함께 그 영광을 누리리라 확신하오. 당신들이 하나님의 양무리를 잘 돌본다면, 또 선한 장로로 살아간다면, 이득을 바라지 않고 기꺼이 그 일을 감당한다면, 당신들 역시 나와 같은 영광을 누리게 될 것이오. 당신들은 종이오. 사람을 섬기는 종이 아니라 하나님의 종임을 명심해주기 바라오.

베드로가 거듭 장로들에게 부탁하고 있는 말의 핵심은 이처럼 요약될 수 있을 것이다.

모범(그리스도)을 따르는 지도자가 되시오. 긍휼한 마음을 품고 예수 그리스도의 교회를 돌보기 바라오. 그리스도를 본받으면 아무 문제가 없을 거요. 그리고 하나님께서 당신들을 지켜보신다는 사실을 잊지 마시오.

그다음에 베드로는 장로가 아닌 사람들, 특히 젊은이들을 향해 권면하는데 노인들에게 경의를 표하라는 것이 핵심이다.

잠시 말을 멈춘 베드로가 자신이 기록한 서신을 읽어본 후 양편(장로들과 젊은이)의 균형을 맞추기로 한 것처럼 보인다. 그리고 그가 갑자기 꺼낸 덕목은 겸손인데 신약성경에서 가장 강한 어조로 겸손을 강조한다. 겸손을 말하는 대목에서 그가 권면하는 대상은 이제 교회 전체로 옮겨가는데 마치 신자들 모두가 장로인 것처럼 말하고 있다. "서로 깨어서 돌보고 서로의 필요를 채우시오."

사랑하는 독자들이여. 나의 형제자매들이여. 이 얼마나 멋진 에클레시아의 지향점인가!

베드로의 편지를 받게 될 갈릴리와 유대의 교회들은 이미 원숙한 교회들이었다. 오순절 성령강림 후 이미 34년이 지난 때였다. 그런데도 이 교회들과 장로들은 자신만의 작은 세계를 고수하며 변화가 필요한 부분에 오히려 담을 쌓고 있었다.

교회가 시시때때로 새로운 장로들로 순환되어야 하는 이유 중 하나가 바로 이런 함정을 벗어나기 위함이다. 그러려면 장로직의 순환을 지지할 강력한 형제 관계가 더욱 필요하다. 장로직이라는 리더십을 담아낼 만한 더 큰 리더십이 모든 교회에 필요한 것이다. 그런데도 장로라는 특권이 리더십의 핵심이 되어버린 현대교회는 이 리더십을 담아낼 강력한 형제 관계의 발전을 의도적으로 막는 형편이다.

결과적으로 장로직이 가져오는 에클레시아의 정체(停滯)는 지역교회를 벗어난 하나님의 일꾼이 필요함을 우리에게 역설한다. 한 지역이 드러낼 수밖에 없는 보수적 세계관과 지역을 초월해 존재하는 교회개척자의 진보적 세계관 사이의 긴장이 우리에게 필요한 이유가 여기 있다. 그 긴장감은 에클레시아 안에 항시적으로 유지되어야 할 영적인 요소이다.

지금 이 편지를 쓰고 있는 사람도 **순회하는 교회개척자**이고 바로 그런 범주에 속한 사람이다.

에클레시아가 가지고 있는 그런 특성과 조건들을 사도들의 수장인 베드로가 곧 하나가 될 이방인교회와 유대인교회에 제시하고 있다. 그는 성경 교사가 아니었고 목사도 아니었고 지역교회의 수석장로도 아니었다. 베드로는 제국 전역을 여행했던 한 노인(즉 장로:長老;Elder)이었다. 그는 교회개척자였다. 그의 편지를 받게 될 그 장로들을 선택하고 임명했던 장본인이었고 지역을 벗어나 분투했던 하나님의 일꾼이었다.

혹 베드로가 예루살렘교회의 장로들을 선택하지 않았다면 요한이 했을 것이고 요한이 아니라면 야고보, 그도 아니면 도마, 그도 아니라면 마태라도! 그리고 이 모든 이들은 교회개척자였다.

그러니 신약성서를 인용할 때는 조심하라. 당신이 교회개척자와 관련된 본문을 인용할 가능성이 25대 2이다. 어쩌면 26대 1일 수도 있다. 사도행전이 교회개척자에 의해 기록되진 않았지만, 교회개척자들의 활동을 기록한 책이기 때문이다. (신약 27권 중에 단지 사도행전과 누가복음만 교회개척자가 아닌 사람에 의해 기록되었다) 당신이 장로직을 보호하기 위해 애써 뽑아낸 성경 구절이 사실은 그 장로들을 택하고 그 장로들에게 경계의 서신을 보냈던 교회개척자들과 관련된 본문임을 주목하라!

베드로의 말은 강력했다. 그 어조는 확고했다. 장로직에 대한 현대교회의 가르침 중에 가장 큰 흠은 장로들이 하나님(혹은 목사)외엔 섬길 대상이 없는 것처럼 말하는 것이다. 만약 당신이 현재 장로라면 당신이 부담감을 느끼고 섬기는 대상은 아마도 그 교회(교단)의 실권을 쥔 사람일 것이다. 그는 교회 안에서 자신이 보호받기에 적당한 규율을 만들어낸 사람일 것이고 당신은 그 규율에 따라 그를 섬길 수밖에 없을 것이다.

주위를 둘러보라. 순회하는 교회개척자가 있는지 찾아보라. 그는 어디서 오는가? 그의 자격조건은 무엇인가? 이 질문의 답을 얻기 원하는 이들은 『기독교가 상실한 유산들』을 읽으라. (그리고 언젠가는 발간될 나의 책, *The Man Nobody Wants* 의 일독도 권한다.)

신약성경의 장로들은 그 삶과 사역이 교회개척자에게 노출되어야 했다. (1) 한 지역교회에서 얻게 될 모든 기득권을 포기한 채 다만 깨어진 마음과 눈물로 교회를 오갔던 일꾼(교회개척자)들과 (2) 강력한 형제 관계를 형성했던 하나님의 백성들에게 감독(장로:watcher)들은 감독 되어야 했다(be watched).

한 번 더 우리는 이 부인할 수 없는 조건과 마주친다.

"영수증이 없으면 세탁물을 내어드릴 수 없다."라던 한 중국세탁업자의 말을 나는 이렇게 의역하겠다. "교회개척자가 없는가, 그렇다면 장로를 내어줄 수 없다."

유대인 장로들과 이방인 장로들이 모두 베드로의 편지를 읽기를 소망하자. 예루살렘의 파멸과 함께 이스라엘을 탈출했던 유대인 신자들은 모두 베드로의 말을 기억할 필요가 있었다. 그래서 할례받은 그 젊은 유대인 신자들이 할례받지 않은 장로들 밑에서 적절한 처신을 하게 되었을 것이다!

이제 히브리서로 넘어갈 지점에 이르렀다.

오늘 우리가 맞이한 진정한 위기는
가톨릭과 개신교 사이의 위기가 아니라,
다만 전통적으로 해오던 교회 생활과 실제를 경험하는
교회 생활 사이에 놓여있는 위기이다.

-하비콕스,『세속도시』-

20

히브리서

히브리서의 저자가 누구인지는 아무도 모른다. 적어도 바울은 아닐 것이다. 이 책이 기록되기 전 그가 죽었을 거란 사실은 거의 확실하다.

초기 전통에 의하면 바나바가 히브리서를 썼다고 전해진다. 나 역시 그럴 거라 예상하는 것은 이 편지가 기록될 당시 그가 생존해 있었고 활발한 활동을 펼치고 있었기 때문이다.

히브리서에서 우리의 관심을 끄는 것은 단연 13장 17절의 치명적인 본문이다.[31] 문맥에서 떨어져 나온 이 본문은 그동안 교회 안에서 장로의 지배권을 정당화하려는 사람들에 의해 순진무구한 신자들을 압박하는 도구로 사용되어왔다. 이 본문이 언급하는 대상이 장로 혹은 목사들이라고 보았기 때문이다. 그러나 그렇지 않다!

---

[31] 너희를 인도하는 자들에게 순종하고 복종하라. 그들은 너희 영혼을 위하여 경성 하기를 자신들이 청산할 자인 것같이 하느니라. 그들로 하여금 즐거움으로 이것을 하게 하고 근심으로 하게 하지 말라. 그렇지 않으면 너희에게 유익이 없느니라. 개역개정.

이 성경 본문은 장로들(혹은 목사들)에 대한 언급이 아니라 교회 개척자들에 대한 언급이다.

히브리서는 엄청난 위기 가운데 놓여있는 이스라엘 내의 교회들에 보내진 편지이다. 한 나라로서의 이스라엘이 파괴될 지점에 있었다. 예수께서는 이미 예루살렘의 멸망을 예언하셨고 예루살렘이 이방 군대에 둘러싸일 것을 말씀하시며 그땐 바로 달아날 것을 제자들에게 말씀하셨다.

그것은 대부분의 유대인 신자들이 이방 세계로 달아나야 할 때가 올 것을 의미하는 말씀이었다. 결과적으로 유대인 신자들이 이방 세계에 세워진 이방인교회들 안에서 그들의 정체성을 찾아야 할 때가 올 것을 암시하는 계시의 말씀이었다. 그것만이 전부가 아니었다.

이는 **유대인 신자들이 이방인교회의 교회개척자들과 함께 일해야 하는 문제**와 직결된 것이었다.

유대인 신자들이 이방인교회로 들어갔을 때 그들은 이방인교회들 안에 이미 세워진 이방인 장로들을 만나게 될 터였다. 이방인교회, 이방인 신자들, 이방인 장로들, 열두 사도가 아닌 이방인교회의 교회개척자들!

유대인 신자들과 유대인 장로들에겐 결코 수용하기 쉬운 환경이 아니었다.

이러한 배경에서 히브리서 13:17을 읽어보라. 히브리서 기자(記者)는 지금 당신이 읽고 있는 그 본문을 유대인 신자들에게 말하고 있다. 이방인 땅에 세워진 이방인교회에서 마주하게 될 이 모든 상황을 잘 받아들이고 존중하라는 메시지다. 히브리 기자가 왜 이 말을 하고 있을까? 이방인들의 교회에서 생활하면서 이방인들의 생활방식을 따른다는 것은 대부분 유대인에게 참으로 참기 힘들고 수용하기 어려운 일이었다.

유대인 신자들에게 있어 최악의 상황은 열두 사도가 아닌 이방인교회의 순회사역자들과 함께 일해야 한다는 것이었다. 그것은 참으로 용납하기 어려운 일이었다. 히브리서 기자는 유대인 신자들에게 바로 그 할례 받지 않은 이방인 교회개척자들을 존경하라는 메시지를 지금 주고 있는 것이고 그것이 13:17 절의 요지이다.

그 페이지를 조금 더 읽어 내려오라. 순회하는 교회개척자와 지역교회 사이의 확고한 관계를 다시 한번 발견하게 될 것이다.

이 사실을 좀 더 선명하게 보기 위해 이 편지를 쓴 사람이 바나바라고 가정해보자.

바나바가 말하는 것을 들어보라. 디모데는 그동안 수감되어 있었다. 지금은 교회들 가운데 없다. 이제 나이 마흔 살에 이른 디모데는 **이방인교회**의 사역자이다. 그런데 이 이방인교회 교회개척자가 곧 풀려날 것이라는 소식이 유대인 신자들에게 전달되고 있다. 혹독한 핍박의 상황에서 유대인교회들과 이방인교회들의 관계가 오히려 돈독해지고 있다.

이 편지를 쓰고 있는 저자는 이렇게 말한다. "내가 당신들을 방문할 것이오." 이렇게 말하고 있는 히브리서의 저자 역시 순회사역자이다. 그렇다면 이제 이 사실을 주목해보라. 유대인 신자들에게 편지를 쓰고 있는 이 유대인 교회개척자는 이방인교회의 교회개척자인 **디모데**가 출옥한 후 그와 함께 교회들을 방문할 것이라 말하고 있다.

다시 말하면, 유대인 사역자와 함께 이방인 교회개척자가 유대인 교회들을 방문한다는 말이다! 1세기 교회들엔 외부사역자의 방문을 받는 것이 자연스러운 일이었다. 비록 부정기적으로 드문드문 주어지는 방문이었지만 말이다. 유대인교회들에서나 이방인교회들에나 이런 정서는 공통적이었다.

히브리서에서 장로들에 대한 언급은 주어지지 않는다. 그러나 순회하는 교회개척자들에 대한 언급은 차고 넘친다. 오늘날의 교회가 이 1세기 교회의 정신으로 복귀할 날을 하나님께선 서둘러 준비하고 계신다. 비성경적인 방법과 비성경적인 인물들에 온 힘을 기울이면서 우리는 이 순회사역자의 존재에 대해서만큼은 눈을 가려왔다.

신약성경에서 장로들을 언급하고 있는 마지막 한 권의 책이 남아 있다. (그 책이 언제 기록되었는지는 알 수 없지만 누가 기록했는지는 막연한 추측이 가능하다) 이제 그 책으로 건너가 보자.

교회개척자의 역할이
다른 어떤 기능으로 이양되었다는
언급이 있는지, 간접적이나마
그것을 암시하는 단 한 구절의 본문이라도
신약성경에 나오는지 찾아내 보라.
순회하는 교회개척자의 역할은 교회개척자의
역할 그대로 남아있다. 그가 사라지면
또 다른 교회개척자가 그의 자리를 대신했다.

21

야고보서

야고보서를 누가 썼는지, 왜, 어디에서 썼고, 누구에게 보냈는지 확실히 아는 사람은 아무도 없다.

야고보서에도 단 한 차례 장로들에 대한 언급이 나온다. 그 한 번의 언급으로 야고보서 기자(記者)는 장로직에 대한 선명한 통찰력을 우리에게 제공한다.

> 너희 중에 병든 자가 있느냐 그는 교회의 장로들을 청할 것이요 그들은 주의 이름으로 기름을 바르며 그를 위해 기도할지니라.

장로직이 마치 하나님의 백성들에게 뭔가를 지시하는 역할인 것처럼 인지해왔던 사람들은 이 야고보서 저자의 말을 잘 들어보기 바란다. 야고보서 5장 14절의 이 언급은 딱히 깊은 의미가 들어있는 것

같지는 않다. 다만 당시 사람들이 그들의 실제 삶에서 어떻게 생각하고 어떤 방식으로 삶의 문제를 해결해 나갔는지 그 모형과 전례를 보여주는 무의식적 발언인 것 같다.

신자가 병이 들면 장로를 부르도록 권면한다.

장로들은 초청을 받은 후 신자의 집을 방문했다. 장로들이 다른 신자의 삶에 개입하는 범주는 신자들 본인의 의사에 어느 정도 제한 받았다. (물론 비도덕적인 문제들의 경우엔 다를 것이다) 장로들은 교회 안의 병자들을 위해 기도해야 했다.

이제 우리는 장로들을 언급하는 구절들이 무수히 등장하는 신약성경의 마지막 한 권(사실은 전혀 그렇지 않은!)을 향해 접근하고 있다. 바로 이 책이다.

계시록

당신이 계시록을 읽다 보면 장로들을 언급하는 구절들을 반복해서 만나게 될 것이다. 반가운 마음에 그 구절 중 하나를 인용하기 전에 조금만 주의를 기울이라. 계시록에서 언급되는 장로라는 용어는 모두 **천국의 장로**들을 의미하는 말이다. 어느 것 하나 이 땅의 장로들을 언급하는데 차용되지 않는다.

마지막으로 당신에게 상기시키고 싶은 사실이 하나 있다. 이 계시록을 기록한 요한이 에클레시아를 방문하며 그의 한평생을 순회 교회개척자로 살았던 사람이라는 사실이다. 그는 장로도 아니었고 지역교회의 문제에 깊숙이 관여하는 목사도 아니었다.

친애하는 독자들이여. 우리에겐 상실되었지만 1세기 교회엔 또렷이 존재하는 패턴 하나가 있었다.

그렇다면 이제 우린 스스로 질문을 던져야 한다. 우리에겐 어떤 장로가 필요하며 우린 어떤 장로직을 기대해야 할까?

22

그렇다면 장로란 무엇인가?

2천 년 전의 장로직에서 우리가 발견한 사실은?

신약성경이 말하는 장로직을 우리가 한 편의 선명한 그림으로 그려낼 수 있을까?

* 어떤 교회들은 장로직을 두고 있었고 어떤 교회들은 그렇지 않았다. 우리도 그 관례를 따르면 어떨까!
* 장로직이 존재했던 교회들 사이에도 격차가 컸다. 어떤 교회는 그 교회가 세워진 지 얼마 지나지 않아 장로직을 받았다. (교회개척자와 성령의 인도하심 가운데!) 하지만 그 교회들조차 지도자 없이 홀로 보내는 시간이 반드시 주어졌고(장로도, 성경 교사도 없는!) 그 시간 동안 강력한 형제 관계가 형성되었다. 어떤 교회들은 오랜 시간이 흐른 뒤에도 전혀 장로직을 두지 않았다. 기억하라. 전혀 장로를 두지 않은 교회들이 있었다.

* 모든 장로직은 외부사역자, 즉 교회개척자와 깊은 관련을 맺고 있었다.
* 교회가 위기에 처했을 때 교회를 살려낼 도움은 밖에서 왔다. 끝없이 여행하는, 그리고 순회하는 교회개척자들로부터! 그들은 지역교회의 장로들에게 교회의 위기를 위임하지 않았다.

바울과 그의 동역자들에 의해 개척된 교회들이 위기를 맞았을 때, 바울이 지역교회 장로들에게 개입을 요청한 사례는 단 한 건도 없었다. 그 위기는 오직 두 요인에 의해 극복되었다. (1) 하나님의 백성들, 그리고 (2) 지역을 벗어나 존재하던 교회개척자.

* 장로들은 아픈 자를 위해 기도했다.
* 순회 교회개척자들은 행동하였고 장로들은 지켜보았다.
* 장로들은 입이 무겁고 인내심 있는 사람이어야 했다. 즉 에클레시아의 경솔한 신자들을 끝없이 기다려주는 사람들이었다.
* 장로직은 흐르는 냇물과 같았다. 시시때때로 새로운 장로들이 세워졌다. 새로운 장로들이 세워질 때 어떤 장로들은 그 직임에서 물러났다.
* 새로운 장로를 분별하는 일은 지역교회를 벗어나 있던 교회개척자들의 몫이었다.
* 정도(正道)를 벗어난 장로들(그리고 간음한 사람들)은 에클레

시아 전체 앞에 불려 나와 공식적인 책망을 들어야 했다!

이쯤 해서 우리 속에 올라오는 질문이 있다.
"그렇다면 우린 지금 무엇을 하고 있단 말인가?"
"우리 안엔 교회개척자가 없지 않은가?!"
우리의 눈은 비로소 **교회개척자가 없으므로 등장하게 된 충격적인 기능들로** 향하게 된다. 교회개척자의 자리를 대신하기 위해 등장한 수많은 기능은 가히 할로윈 괴물들을 위협할 만큼이나 괴상한 것들이다.
우리가 지금 교회에서 두 눈으로 목격하는 것처럼!

순회하는 교회개척자를 지워내고
다른 어떤 성직을 교회 안으로
끌어들일 때, 실제로 우리가 자행하는
일이란 신약성서의 가르침에 순종하는
모든 기능을 파괴할 뿐이다.
1세기의 "이야기(몇몇 구절이 아닌)" 가운데서,
순회하는 교회개척자의 역할이란 너무 지대하여
결코 지워낼 수 없는 직무이다.
그 직무 없는 "신약의 기독교"는 존재할 수가 없다.
다른 한 편, 교회개척자의 기능이 정지되었다거나
그의 직무가 사라져서 다른 어떤 기능으로
대체되었다는 신약성경의 가르침을
우리는 어디서도 찾을 수 없다.

23

사라진 사람들

교회 생활에 관한 한, 순회하는 교회개척자의 복귀 전까지 우리가 성경적인 삶을 살아낼 방법은 도무지 없는 셈이다. 그가 복귀하기 전까지는 성경적인 장로직 역시 존재할 수 없다.

에클레시아의 생명이 경험되는 교회 생활로 복귀하는 일이 우리에게 가장 시급한 일이고 문제해결의 열쇠가 된다. 교회개척자-사라져버린- 없이는 다만 어둠 속에서 분투할 뿐이다. 우리는 그동안 막무가내로 이런저런 직무를 만들어냈고 근거를 댈 수 없는 관행들 속에서 허우적거렸다. 교회 생활의 핵심요소가 사라져버린 현대기독교의 관행들은 점점 더 비 성경적인 사생아들을 양산하게 될 것이다. 교회개척자를 지워버리라. 그러면 당신은 1세기 스타일의 교회를 포기해야 할 것이다.

골자는 이렇다.

어느 가정집 거실에서 한 무리의 신자들이 모임을 한다고 가정해보자. 이 형제들과 자매들은 매우 친밀한 관계로 맺어져 있다. 으레 존재해왔고 지금도 많은 모임들 안에 실제 존재하는 충격적인 소식이 느닷없이 전해진다. 있어선 안 될 비도덕적인 사건이 드러난 것이다.

사람들은 신약성경을 펼쳐 교회의 규율과 관련된 말씀을 찾아 적용하려 애쓸 것이다.

아마도 상황은 이렇게 전개될 수 있다.

"성경은 이런 경우에…게 하라고 말합니다. 그러니 우리 **그 말씀대로 합시다.** 하나님의 말씀을 따라야 하지 않겠습니까!"

우리는 이와 같은 방식의 성경접근에 너무 길들여 있어 그 사고방식을 깨뜨리는 것이 사실상 거의 불가능해 보인다.

오순절 이후, 교회에 기강을 바로 세워야 할 상황이 발생할 때마다 (1) 지역을 벗어난 사역자, 그리고 (2) 하나님의 백성에 의해 그 일이 다루어졌을 뿐 그 외에 다른 어떤 관행도 없었다는 사실을 주목하는 사람은 별로 없다. 오늘날 그리스도인들의 눈엔 이 단순한 사실이 도무지 성경 안에서 발견되지 않는다. 그러나 그 사실은 또렷이 성경 안에 **있다**. 있는데도 우리 눈에 들어오지 않는다. 그래서 심각하다. 성경 안에 있는 그것을 우리는 찾지 못한다. 우리가 찾고 싶은 것만 발견할 뿐이다. 이것은 복음주의 교회가 성경을 어떻게 **보고** 있고 성경을 어떻게 **보지 못하는**지 하나의 작은 실례일 뿐이다.

교회의 기강을 바로잡는 말씀을 당신이 성경에서 찾아 읽을 때, 당신이 읽는 그 말씀을 기록한 사람이 누구인지를 기억하라. 그것을 기록한 사람은 **지역모임을 벗어난** 한 형제인데 바로 그가 에클레시아(성경공부 모임이 아니라)에 그 지침을 준 사람이고 그가 그 에클레시아의 내부 문제에 깊숙이 개입했던 사람이다.

오늘날 그와 같은 환경은 어디에도 없다. 지역을 벗어나 존재하지만 전 세계 지역교회들의 문제를 가슴에 안고 애태우던 그 사람을 우리는 오래전에 잃어버렸다. 아주 오래전, 어떤 세대에서 1세기 방식으로 교회가 세워지는 것을 아예 포기해버린 것이다. 그렇다면 '우리가' 교회개척자의 귀환을 준비하자. 다만 그들이 돌아왔을 때 정말 1세기 스타일로 그리고 1세기의 모형을 따라 인내와 고결함으로 그 일이 감당되기를 기도하자.

우리는 현재 1세기 방식의 교회가 어떤 교회인지에 대한 개념조차 갖지 못한 상태이다. 그야말로 그것은 사라진 방식이 되어버렸다. 지역을 초월해 에클레시아를 여행하던 일꾼들의 출현도 사라진 예술이 되었다. 그러나 그것들이야말로 회복될 필요가 있는 절박한 요소이다. 생각해보라. 지역교회에 연고를 두지 않은 하나님의 사람에 의해 교회가 세워지고 교회가 세워진 후 얼마 되지 않아 그 사람이 떠나고 홀로 남겨진 교회가 어떤 지도자도 없이 성장해가는 사례를 알거나 들어본 적이 있는가? 그것은 실로 어처구니없는 짓인 것 같다. 그런데도 교회 생활과 관련한 또 다른 접근방식은 도무지 성경적으로 지지받을 수 없고 결국엔 비성경적인 재앙을 불러오게 된다. 모든 것이 비성경적인 방식으로 전개될 때 성경적인 방식으로 교회의 문제를 풀어내려는 시도는 너무도 중요한 일이다.

장로직에 있어서도 마찬가지다!
해결책이 있는가?
없다!

실상 이 책은 대부분 그리스도인에게, 정확히 말하면 현재의 모든 제도권 교회들에 별다른 유익을 주지 못할 책이다.

그러나 현재의 허구적인 장로직을 바로 이해할 수 있도록 도울 수는 있을 것이다. 또 "목사직의 권위체계"를 떠받드는 가르침이나 "권위와 순종"이라는 주제로 유행하는 여러 단체의 가르침과 운동을 견제하는 데에도 도움이 될 것이다. 최소한 이런 단체나 모임들에 붙잡힌 채 출구를 찾는 사람들을 도울 수는 있을 것이다.

이 책에서 말하는 내용 대부분은 우리에게 혁신적인 믿음의 형태를 요청한다. 가톨릭교회나 영국성공회의 사제와 같은 성직이 버티고 있는 교회들에 이 책은 아무런 도움을 주지 못할 것이다. 루터교회도 그렇고 장로교회도 마찬가지고 감리교회 역시 똑같다.

침례교회에도 별 도움이 안 될 것이고 오순절교회에도, 독립 교단으로 있는 모든 교회에도 마찬가지다.

사제적인 구조를 가진 선교조직이나 기독교단체들, 즉 모든 가르침이 위에서 흘러 내려와 말단조직까지 전달되는, 그래서 결국엔 위에서 내려보낸 그 가르침에 순종을 요구하는 여타의 모든 기독교단체에도 별다른 도움을 주지 못할 것이다.

다만 기대하기는 엘더십(eldership)위에 공고히 세워진 전통적인 교회 울타리 밖에 있는 여러 성경 모임들, 가정집 모임들, 그 외, 다양한 모임들에 도움이 될 수 있기를 바란다.

완전히 다른 교회, 유기적인 교회의 출현이 우리에게 절박하다. 지구상에 현재 존재하는 어떤 교회와도 닮지 않은 새로운 신앙표현을 소유한 교회, 총체적으로 새롭게 등장하는 신(新) 교회의 출현이 필요하다. 그 교회는 아직 태어나지 않은 교회이다.

소위 "교회"라 불리는 곳에서 힘든 시간을 보내고 있지만 진정한 에클레시아를 사모하며 그 에클레시아의 도래를 기다리면서 오늘을 이겨내는 당신, 바로 **당신**을 위해 이 책은 기록되었다.

그러기에 이 책은 현재를 위한 책이 아니라 미래를 위한 책이다. 그리고 **당신**이 바로 그 미래이다.

그 미래는 전적으로 다른 방식의 믿음 생활에 기꺼이 뛰어들 준비가 되어있는 새로운 유형의 일꾼들, 그리고 새로운 믿음의 세대를 품어 안을 것이다. 이 책은 그 미래 세대의 사역자인 바로 당신을 위해 기록된 책이기도 하다.

이제 한 가지 질문만을 남겨두고 있다.

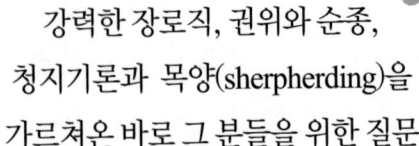

강력한 장로직, 권위와 순종,
청지기론과 목양(sherpherding)을
가르쳐온 바로 그 분들을 위한 질문

24

마지막 질문

"하나님의 기름부음 받은 종을 노엽게 하지 말라."…
이런 종류의 말들은 우리 시대에 흔히 들어왔던 말이다. 그 말은 "당신을 다스리도록 하나님께서 나를 당신들 위에 세웠으니 당신들은 나에게 복종해야 한다."
는 말에 불과하다.

질문이 있다. 당신의 하나님께 기도해보라. 하나님께서 **언제**, 당신에게 **하나님의 기름**을 부으셨는가! 하나님께서 언제 하나님의 백성들 위에 권위자를 두셨는가! **당신**은 언제 다른 사람들을 다스릴 권위를 하나님 그분으로부터 부여받았는가? 당신이 지도자 훈련과정을 마친 후인가? (그 과정이 6주간 과정이었는가? 아니면 6개월?)

그도 아니면 당신이 집에서 성경공부를 시작할 때였는가? 하나님께서 당신에게 기름 부으신 때가 언제인가? 단지 당신이 성경공부 과정을 수료했을 때가 하나님이 당신에게 그 권위를 주신 때인가? 아니면 당신이 면도할 때인가? 자동차 타이어를 교체할 때인가? 자고 있을 때인가? 피자를 먹을 때인가?

이렇게 생각해보라. 당신이 어느 날 교회에 나가기 시작한다. 아니면 선교단체나 기독교 관련 조직에 들어간다. 당신은 그들이 만든 제자훈련과정을 거치게 된다. 당신이 그 과정을 수료하자 약 20명의 젊은이가 당신에게 훈련받도록 배정된다. 그리고 당신은 그들을 가르칠 자리에 오르게 된다. 바로 그때 하나님의 기름 부으심이 당신에게 임했는가? 하나님께서 언제 당신에게 다른 사람들 **위에서** 권위를 행사할 권한을 주셨는가? 당신이 권위를 행사할 그 대상이 누구든 말이다!

기름 부으심은 깊은 내면의 주관적인 징조이고 다른 누군가에게 이런 말을 하는 것은 먼저 당신에게 위험하다. 매우! 기름 부으심과 관련된 일들은 교회 안에서, 교회를 위해, 교회에 주어지는 것들이고 1세기 스타일의 교회 생활을 경험하는 사람들 안에서 나타났던 일들이었다. 당신의 성경공부 모임에서 일어나는 일이 아니다. 선교단체나 기독교 관련 조직에서 있었던 일도 아니다. 주일 오전 11시 예배에 "다녀오는" 사람들에게 주어졌던 일은 더욱 아니다.

문맥을 벗어버리고 부러진 성경 구절들을 도구 삼아 하나님의 백성들을 불러 모으려 애쓰기 전에 먼저 가야 할 먼 길이 있다.

우리는 세계에 두루 퍼진 네 가지 형태의 교회들, 사제중심의 교회, 개혁교회와 감독교회, 회중교회, 그리고 기독교 선교단체들을 이미 살펴보았다.

이제는 새롭고
전혀 다른 교회생활을 경험하는
제 5의 교회가 필요하다.

　머잖아 완전히 다른 유전자와 형태를 가지고 자신들의 믿음을 표현하는 교회, 그 교회에 속한 하나님의 백성들과 하나님의 일꾼들이 등장할 것이다. 또 등장할 수밖에 없다.

　나는 교회들이 새로운 신앙고백을 해야 할 필요성에 대하여 위에 언급한 전 세계 네 가지 유형의 그리스도인들과 대화를 모색해왔다. 하지만 이 주제에서만큼은 대화가 불가능하다.

　나는 이 책에 모든 것을 다 담아내지는 못했다. 유기적인 교회에 대해 더 많은 것들을 말하고 싶었고, 다음 세대와 관련해서도 해야 할 말들이 많이 남아있다.

　하지만 그럭저럭 현재보다 더 나은 어떤 길을 비출 작은 등대 하나는 세우게 되었다.

　당신이 지금 무엇을 하고 있는지, 한때 믿음의 1세대들이 올랐던 고지이지만 그 이후 발길이 끊어진 그 믿음의 고지에 오르기 위해 이제 당신이 해야 할 일은 무엇인지, 얼마간 당신을 도전할 근거는 마련되었다고 본다. 우리가 지금 들여다보는 지도에는 나와 있지 않지만, 숨이 멎도록 아름다운 고지가 존재하고 있고 그곳에 오르기 위한 도전이 당신을 기다리고 있다.

맺음말

　다른 무엇보다도 당신이 이 책에서 줄곧 확인해왔던 한 가지 사실을 기억하라.
　문맥에서 이탈한 성경 한 구절을 인용해 자기주장의 근거로 삼는 것보다 신약성경을 배우는 훨씬 더 근사하고 정확한 방법이 존재한다.